中新广州知识城
CHINA-SINGAPORE
GUANGZHOU KNOWLEDGE CITY

《广东省中新广州知识城条例》理解与适用

广州市黄埔区司法局编写组　编著

法律出版社
LAW PRESS·CHINA
北京

图书在版编目(CIP)数据

《广东省中新广州知识城条例》理解与适用 / 广州市黄埔区司法局编写组编著. -- 北京:法律出版社,2024
ISBN 978-7-5197-8811-7

Ⅰ.①广… Ⅱ.①广… Ⅲ.①城市建设-地方法规-法律解释-广州②城市建设-地方法规-法律适用-广州 Ⅳ.①D927.651.05

中国国家版本馆CIP数据核字(2024)第038625号

《广东省中新广州知识城条例》理解与适用
《GUANGDONGSHENG ZHONGXIN GUANGZHOU ZHISHICHENG TIAOLI》LIJIE YU SHIYONG

广州市黄埔区司法局编写组 编著

策划编辑 孙 慧 余群化 朱颖超
责任编辑 孙 慧 余群化 朱颖超
装帧设计 李 瞻

出版发行 法律出版社
编辑统筹 司法实务出版分社
责任校对 王 丰 郭艳萍
责任印制 胡晓雅
经 销 新华书店

开本 880毫米×1230毫米 1/32
印张 7.25 字数 150千
版本 2024年5月第1版
印次 2024年5月第1次印刷
印刷 北京新生代彩印制版有限公司

地址:北京市丰台区莲花池西里7号(100073)
网址:www.lawpress.com.cn
投稿邮箱:info@lawpress.com.cn
举报盗版邮箱:jbwq@lawpress.com.cn

销售电话:010-83938349
客服电话:010-83938350
咨询电话:010-63939796

书号:ISBN 978-7-5197-8811-7
定价:48.00元

凡购买本社图书,如有印装错误,我社负责退换。电话:010-83938349

前　言

中新广州知识城位于粤港澳大湾区顶部，被称为“湾顶明珠”，北面与白云区钟落潭镇、从化区太平镇接壤，南面与黄埔区萝岗街、永和街接壤，东面与增城区中新镇相接，西面为帽峰山风景名胜区。地势平缓，水系纵横交错，城市主干道穿城而过，形成典型的“鱼骨状”城市发展格局。2008 年 9 月，时任中共中央政治局委员、广东省委书记汪洋率广东代表团和经贸团访问新加坡，在会见新加坡领导人时提出希望双方在广东合作建设标志性平台项目。随后，新加坡方面有关人员组团先后 6 次来访广州，进行选址考察。2009 年 3 月 24 日，广州开发区管委会与新加坡方面签署合作备忘录，正式确定知识城项目落户广州开发区，选址广州科学城以北的这块山区谷地，双方提出要将知识城项目建设成为粤新合作的里程碑。2010 年 6 月，广州市政府与新加坡方面正式签署《中新广州知识城总体协议》，共同推进建设知识城。2011 年 3 月 14 日，国家发改委正式批复核准中新广州知识城起步区项目。2018 年 11 月 12 日，中国政府与新加坡政府签订《中华人民共和国政府和新加坡共和国政府关于中新广州知识城升级合作的框架协议》，双方同意围绕“开放创新和高质量发展”的主题，将知识城升级为国家级双边合作项目。2020

年8月26日，国务院批复同意《中新广州知识城总体发展规划(2020—2035年)》。为了全面贯彻落实国家战略，推动知识城的改革创新发展，在广东省委与省政府、广州市委与市政府的大力支持下，2020年年底即着手启动《广东省中新广州知识城条例》的立法准备工作，希望通过省级立法解决知识城建设发展过程中管理权限、规划建设、创新改革机制等方面的问题和障碍，确保重大改革于法有据；同时，把知识城建设发展过程中实践证明行之有效、人民群众满意、市场主体支持的改革举措用法律制度固定下来，为知识城市场化、法治化、国际化营商环境建设提供基础制度保障。

《广东省中新广州知识城条例》共6章，47条，重点内容包括以下5个方面：(1) 总则。一是明确省政府及其有关部门、广州市、知识城管委会的职责。二是落实“应放尽放”的原则，明确将省级经济、建设管理权限下放给知识城，并将下放给广州市、中国（广东）自由贸易试验区的相关权限，以及国家下放的相关权限一并给予知识城。三是明确支持知识城与中国（广东）自由贸易试验区联动发展，依法复制推广自由贸易试验区改革试点经验，并可优先安排改革创新先行先试、双向复制。(2) 科技创新与知识产权保护。一是规定对知识城重大科技基础设施、科研机构、新型研发机构和高新技术企业的支持。二是明确知识城全链条创新创业模式，发展和建设科技服务机构、公共服务平台，改善科技创新生态。三是支持各类知识产权服务机构发展和建设，优化知识产权融资服务体系。四是构建知识产权保护体系，健全知识产权维权服务机制，推进知识产权纠纷多元化解决机制。五是推进知识产权服务业高端化与多元化发展，支持外国专利代理机构和外国人在知识城内执业，构建粤港澳大湾区知识产权信息公共服务平台。（3）知识密集型产业发展与人才支撑。一是规定知识城重点产业发展方向，明确支持知识城向国家争取重点产业发展扶持，并加快推动构建知识密集型产业服务链。二是支持省重大人才重大管理改革创新举措在知识城先行先试；支持国内外知名高等院校、科研院所、高端研究咨询机构在知识城合作办学，并下放职称评审权限。三是通过人才奖励、专项资金、政府资助等方式支持人才发展，支持省级重大人才服务平台在知识城设立载体，提高人才服务水平。（4）对外开放与合作。一是积极引进外资，着力在金融服务、信息技术服务、文化服务、专业服务、教育、医疗卫生、认证等多方面进行突破。二是推进知识城在科技创新、产业发展、知识产权、人才培养、城市治理、营商环境等方面与新加坡开展全方位合作，多领域加强互动交流。三是支持知识城加强与“一带一路”沿线国家和地区开展交流合作，搭建共建全面开放合作平台。（5）服务与保障。一是探索实行商事主体登记确认制，进一步推进综合性行政许可改革，大幅提高登记、许可效率和便利化程度。二是强化对知识城的财政、规划、用地、基础设施、机构和法律保障。三是明确争取改革试点、监督考核与评估机制、法律责任等相关内容。

《广东省中新广州知识城条例》从纳入《广东省人大常委会2021年立法工作计划》，到经广东省第十三届人大常委会第三十九次会议审议通过，前后不到一年时间。一方面，为积极推进立法，成立了省、市、区三级立法工作专班；另一方面，为了更好地支持知识城争取国家层面与省层面的相应经济管理权限，在设置省、市、区三级立法工作专班的前提下还分设了法律条文工作专班与管理权限争取工作专班。《广东省中新广州知识城条例》最终能顺利审议出台，需要诚挚感谢广东省人大常委会法制工作委员会、广东省司法厅、广州市人大常委会法制工作委员会、广州市司法局各级领导对立法工作的悉心关怀和亲力指导。相信《广东省中新广州知识城条例》必将成为知识城进一步深化改革、先行先试的法治保障，助推知识城早日建设成为具有全球影响力的国家知识中心。

广州市黄埔区司法局编写组

何鞬煊执笔

2023 年 11 月 30 日

目　　录

第一章　总　　则

第一条【立法目的】

【原文】为了推动中新广州知识城建设发展，打造具有全球影响力的国家知识中心，根据有关法律、行政法规，结合本省实际，制定本条例。

【理解与适用】本条是关于《广东省中新广州知识城条例》（以下简称《条例》）的立法目的和依据的规定。

本条所述中新广州知识城（以下简称知识城）位于广州市黄埔区、广州开发区北部，北面与白云区钟落潭镇、从化区太平镇接壤，南面与黄埔区萝岗街、永和街接壤，东面与增城区中新镇相接，西面为帽峰山风景名胜区，规划面积为 232 平方千米。国务院 2008 年 12 月 31 日批复的《珠江三角洲地区改革发展规划纲要（2008—2020 年）》（以下简称《规划纲要》）明确提出，“重点加快广州科学城（北区）和深圳高新技术产业带建设”，并“支持与新加坡等东盟先进国家加强经济、技术、园区管理、人才培训等多方面的合作”，同时“支持广州国家级开发区开展创新发展模式试验”。为有效实施《规划纲要》，深化改革开放，推动科学发展，提升国际竞争力，广州市人民政府与新加坡企业于 2010 年 6 月 30 日签署《中新广州知识城总体协议》，共同推进建设知识城。2018 年 11 月 12 日，中国政府与新加坡政府签订《关于中新广州知识城升级合作的框架协议》，双方同意围绕“开放创新和高质量发展”的主题，将知识城升级为国家级双边合作项目。2020 年 8 月 26 日，国务院批复并同意了《中新广州知识城总体发展规划（2020—2035 年）》（以下简称《知识城总体发展规划》）。《知识城总体发展规划》明确提出，将知识城打造成具有全球影响力的国家知识中心。

世界各国或地区成功的科技园区或经济技术开发区，通常都高度重视法治环境的构建，通过立法为园区营造良好的环境。美国、德国、日本、新加坡的经济功能区或特别经济园区都建立了与园区的生存、发展和运行需要相适应的良好的法律制度。随着国内自主创新示范区和自由贸易试验区的建设，各地也都通过省级人民代表大会制定地方性法规，以保障经济功能区创新发展所需的法治环境。知识城的建设是广东省加速打造新发展格局战略的支点之一，也是广州市建设国家中心城市和创新型城市的重要举措之一。借鉴全球各地经济功能区的发展经验，为促进和保障知识城的建设和发展，广东省第十三届人民代表大会常务委员会于 2022 年 1 月 16 日审议通过了《条例》。

根据《立法法》第 80 条“省、自治区、直辖市的人民代表大会及其常务委员会根据本行政区域的具体情况和实际需要，在不同宪法、法律、行政法规相抵触的前提下，可以制定地方性法规”的规定，以及第 82 条第 1 款“地方性法规可以就下列事项作出规定：……（二）属于地方性事务需要制定地方性法规的事项”的规定，《条例》是由广东省人民代表大会常务委员会作为立法主体，对地方性事务作出规定的地方性法规，其法律位阶列于宪法、全国人民代表大会及其常务委员会制定的法律和国务院制定的行政法规之后。从全球看，当前国际环境正面临深刻变化，国际政治经济分工格局、国际秩序和规则面临重大调整，新兴经济体孕育着新的发展机遇。全球新一轮科技革命和产业变革加速演进，颠覆性技术不断涌现，新兴产业快速发展，新业态、新模式、新动能应运而生。基于《条例》推进知识城建设发展的立法目的，将知识城打造成具有全球影响力的国家知识中心的定位，《条例》条文特别突出“科技创新”“知识产权保护”“知识密集型产业发展”“人才支撑”等方面的内容。《条例》既体现了广东省鼓励创新、发展知识经济的产业政策，是产业政策的具体化、条文化和规范化，又给予科技创新活动以坚实的法律支持和保护。

第二条【适用范围】

【原文】本条例适用于中新广州知识城（以下简称知识城）的开发建设、开放合作和服务保障等活动。

知识城范围包括《中新广州知识城总体发展规划（2020—2035 年）》（以下简称知识城总体发展规划）确定的区域和经批准的扩展区域。

【理解与适用】本条是关于条例适用范围的规定。

开发建设，是指在特定地区或项目中，通过规划、设计、投资、建设等一系列工作，将原先的自然环境或空地改造成符合特定用途或功能的设施、建筑或工程。这个过程涵盖了基础设施、建筑物、公共设施、绿化景观等方面的工程和设施建设。知识城的开发建设主要包含总体规划设计、管理体系建设、基础设施建设、土地整理和开发、科研与创新平台建设、产业服务平台建设、招商引资与推广以及安全保障等方面的内容。其中，总体规划设计主要包括制定国家级经济开发区的总体规划，包括土地利用规划、基础设施规划、产业布局规划等，以明确知识城的发展方向和整体功能布局。管理体系建设主要包括知识城管理机构、管理制度的建设，确保区域内各类活动和企业的正常有序运营。基础设施建设主要包括道路、桥梁、给排水、电力、通信等基础设施、生活配套设施和环保设施的建设，以保障企业正常运营和居民生活所需的各项基础条件。《条例》针对知识城的开发建设，重点针对知识城的管理授权、科技创新平台建设、知识产权保护、产业规划培育等方面作出了规定。

开放合作，是指在经济、政治、文化等领域，不同国家、地区、组织之间通过互相开放市场，加强交流与合作，共同分享资源、技术、经验等，实现互利共赢的目标。简单来说，即对外开放，经济文化交流合作。开放合作通常以互惠互利为基础，各方之间在相互尊重、平等互利的前提下进行合作，共同解决共同面临的问题，并促进共同利益的实现。这种合作模式在全球化的背景下变得越来越重要，尽管当前全球化进程进入瓶颈期，但我国自 2001 年加入世界贸易组织以来的高速发展，恰恰证明开放合作可以促进经济繁荣、推动科技创新、加强国际关系等，有助于构建更加稳定、繁荣、和谐的区域发展氛围。《条例》基于知识城作为中国与新加坡国家级双边合作项目且位于粤港澳大湾区湾顶地缘优势的基础，重点针对知识城参与粤港澳大湾区国际科技创新中心建设、深化与新加坡全方位合作、拓展共建“一带一路”开放合作等方面作出了规定。

服务保障，是指为了促进知识城的建设发展，知识城的管理机构具体提供的公共服务与采取的一系列措施和手段。这些措施包括但不限于制定相应的政策、规章和流程，提供必要的资源，培训和管理相关人员，以及建立监测、评估和改进的机制等。《条例》考虑知识城自2010年启动建设以来形成的经验和成果，重点针对知识城建立的一站式许可审批制度、跨境商事登记电子化办理、落实产业用地保障、加大基础设施建设投入等方面作出了规定。

《知识城总体发展规划》明确知识城位于广州市黄埔区、广州开发区北部，北面与白云区钟落潭镇、从化区太平镇接壤，南面与黄埔区萝岗街、永和街接壤，东面与增城区中新镇相接，西面为帽峰山风景名胜区。知识城位于粤港澳大湾区湾顶，区位优势明显，发展空间充裕，生态环境与资源环境承载能力较强，规划面积为232平方千米。2010年奠基建设以来，知识城各项建设任务扎实推进，基础设施建设日益完善，现代产业体系雏形初具，知识产权综合改革成效显著，科技创新平台有序布局，体制机制优势逐步显现，中新合作全面深化，具备加快发展的良好基础和突出优势。考虑为知识城未来的发展预留空间，也为知识城协同周边区域发展预留政策空间，本条明确知识城的范围在《知识城总体发展规划》明确的范围基础上，还包含后续批准的扩展区域。

第三条【战略定位】

【原文】知识城着力打造知识创造新高地、国际人才自由港、湾区创新策源地、开放合作示范区，成为粤港澳大湾区高质量发展重要引擎。

【理解与适用】本条是关于知识城战略定位的规定。

知识城的战略定位包括以下四个关键要素：

第一，知识创造新高地。《知识城总体发展规划》第二章第三节中提出“把握知识创新脉动，通过深化国际科技合作、集聚知识创新要素、完善配套服务功能、提升自主研发能力，培育集知识生产、知识传播、知识运用、知识服务和知识保护于一体的现代知识经济体系。通过知识赋能推动知识产业化，促进产业数字化，形成知识应用新场景和知识密集型经济新业态、新模式”。由此可见，将知识城打造成知识创造新高地，目标是将知识城建设成为一个现代知识经济体系的代表，覆盖知识生产、传播、应用、服务和保护各方面，关键在于突出知识创新的重要性，将知识创新视为现代经济的引擎和基石。至于具体的措施，包括：（1）把握知识创新的脉动，紧跟知识创新的发展趋势。（2）强化国际科技合作，通过国际合作获取和分享知识创新成果，提高科技水平。（3）集聚知识创新要素，吸引各类知识创新要素，包括人才、技术、资金等，推动创新。（4）完善配套服务功能，建立健全服务体系，包括研发支持、技术转化和市场推广，以支持知识创新。（5）提升自主研发能力，培养自主研发能力，减少对外部技术的依赖。（6）培育现代知识经济体系，推动知识在经济中的全面融合，包括知识生产、传播、运用、服务和保护。（7）知识赋能推动知识产业化，通过知识创新实现知识产业的商业化。（8）促进产业数字化，将知识融入产业，提升效率和竞争力。（9）创造知识应用新场景，推动新的知识应用场景和商业模式，促进经济发展。（10）塑造知识密集型经济新业态、新模式，强调知识密集型经济将成为新的发展方式，凸显知识在经济中的关键作用。

第二，国际人才自由港。《知识城总体发展规划》第二章第三节提出“把吸引、用好国际创新人才作为重中之重，推动科研评价和奖励制度改革，实施更加积极的人才引进政策，创新完善人才激励机制和人才流动机制，建立与国际接轨的人才环境，集聚和培养一批具有世界一流水平的创新团队和领军人才，构建能够适应和支撑知识城发展的高水平人才体系”。可见，将知识城打造成国际人才自由港，关键在于吸引、培养和留住高水平的国际创新人才。至于具体的措施，包括：（1）制定并实施更加积极的人才引进政策，为国际创新人才提供良好的落地环境和便利条件。（2）推动科研评价和奖励制度改革，确保科学家和研究人员的成果得到充分认可和回报。（3）提供优质的人才服务，完善配套服务功能，包括医疗、教育、住房等，以提升人才的生活质量，吸引和留住高水平的人才。（4）建设创新科研环境，深化国际科技合作，吸引全球优秀科学家和研究团队参与合作项目，提升知识城的科研水平和国际影响力。（5）提升自主研发能力，鼓励自主创新，培养高水平的科研团队，推动知识产业化和产业数字化。（6）优化人才流动机制，创新完善人才激励机制，为优秀人才提供良好的发展平台和广阔的职业前景。（7）建立与国际接轨的人才流动环境，鼓励跨国界的科研合作和人才交流。（8）建设高水平的人才培养体系，培养具有世界一流水平的创新团队和领军人才，加强对高端人才的引导和培育。（9）引入高水平研究机构，提供优质的科研资源和学术支持。（10）强化国际合作，积极融入全球创新网络，加强与国际科研机构、企业的合作，拓展国际合作领域，提升国际科技合作水平。（11）加强人才引领作用，在技术创新、高端制造、科技服务等全产业链中发挥知识引领作用。

第三，湾区创新策源地。《知识城总体发展规划》第二章第三节中提出“深入参与广深港澳科技创新走廊建设，发挥在技术创新、高端制造、科技服务等全产业链的知识引领作用，以重要知识创新、基础研究为发力点，在大湾区内形成基础科学、技术研发、成果转化等于一体的知识创新体系，全力推动粤港澳大湾区国际科技创新中心建设，将知识城打造成为粤港澳大湾区重要创新极”。广深港澳科技创新走廊，简称科创走廊，是指连接广东省的广州、深圳、珠海、佛山等城市与香港特别行政区以及澳门特别行政区形成一个跨境科技创新合作的区域。科创走廊的设立旨在促进粤港澳大湾区的发展和创新，通过整合各方的科技创新资源，推动跨境合作、技术转移和共同发展。科创走廊的建设将有助于加强粤港澳大湾区内部的联系，促进区域内各城市之间的互补和协作。主要的目标包括：（1）加强科技创新合作，推动区域内各城市之间的科技资源共享和合作，加速科技成果的转化和应用。（2）优化创新环境，提供更加有利于科技创新和创业发展的政策环境和资源支持，吸引和培养高水平的创新团队和企业。（3）推动科技产业发展，通过共同努力，促进粤港澳大湾区内科技产业的发展，提升产业的竞争力和创新能力。（4）提升国际影响力，将粤港澳大湾区打造成为国际领先的科技创新中心，吸引国际科技创新资源，促进国际科技合作。总的来说，科创走廊旨在通过跨境合作和资源整合，推动粤港澳大湾区成为全球领先的科技创新枢纽之一，为区域内的经济发展和科技创新作出重要贡献。知识城将深度参与广深港澳科技创新走廊建设，通过在技术创新、高端制造、科技服务等方面发挥知识引领作用，建立集基础科学、技术研发、成果转化等于一体的知识创新体系，全力推动粤港澳大湾区国际科技创新中心建设。

第四，开放合作示范区。《知识城总体发展规划》第二章第三节提出“充分发挥知识城在中新合作中的独特优势，打造与新加坡、港澳营商环境对接、经济协同发展的合作体系，复制推广自由贸易试验区改革试点经验。积极融入全球创新网络，全面提升国际科技合作水平，构建更宽领域、更多层次、更高水平开放新格局。建设广州国际科技创新产业集聚区，发挥知识城作为区域核心增长极的辐射带动作用，带动周边区域及广清、穗莞合作，共同构建区域协调发展新格局”。知识城位处粤港澳大湾区湾顶，同时是中国与新加坡的国家级双边合作项目，无论是对于中新合作，还是对于大湾区内部交流，都具有独特优势。将知识城打造成开放合作示范区需要做好以下几点：（1）用好国际合作机制，共同推动经济协同发展，推动知识城与其他地区形成更广泛的合作网络。（2）借鉴自由贸易试验区改革试点的成功经验，复制推广相关政策和实践，促进经济自由化和便利化，减少贸易壁垒，吸引更多跨国公司和国际投资。（3）积极融入全球创新网络，加强与国际科研机构、企业的合作，发展和建设国际科技创新产业集聚区，提供高质量的科研和创新资源，吸引国际科技企业和创新团队入驻，促进科技创新和知识产业发展。

总体来说，知识城的战略定位为粤港澳大湾区高质量发展的重要引擎，通过以上四大核心功能的建设，实现知识创新、人才引进、科技创新和国际合作的全面发展，为区域的繁荣作出积极贡献。

第四条【职责分工】

【原文】省人民政府应当制定落实知识城总体发展规划的实施方案，协调解决知识城建设发展中的重大问题，支持知识城建设发展。

省人民政府商务主管部门应当会同有关单位，对知识城总体发展规划实施情况进行跟踪分析和督促指导，推动目标任务落实。

省人民政府发展改革、科技、财政、人力资源社会保障、自然资源、交通运输、市场监督管理等相关部门应当按照职责分工，研究制定支持知识城建设发展的具体政策措施，加强对重大项目建设、体制机制创新等方面的支持和指导，并可以依法建立知识城事项报批绿色通道。

广州市人民政府应当加强对知识城建设发展工作的组织领导，统筹推进知识城的建设发展。

中新广州知识城管理委员会（以下简称知识城管委会）承担知识城建设发展的具体事务。

【理解与适用】 本条是关于知识城建设发展职责分工的规定。

为有效实施《规划纲要》，深化改革开放，推动科学发展，提升国际竞争力，广州市人民政府与新加坡企业于2010年6月30日签署《中新广州知识城总体协议》，共同推进知识城的建设，至此知识城得以诞生。2010年10月21日，广州市人民政府批准设立中新广州知识城管理委员会（以下简称知识城管委会），为广州市人民政府的派出机构，代表广州市人民政府对知识城实行统一领导和管理，行使市一级管理权限。为推动知识城的建设发展，《广州市中新广州知识城条例》（以下简称《市条例》）于2012年4月20日经广州市第十四届人民代表大会常务委员会第二次会议通过，并于2012年5月31日经广东省第十一届人民代表大会常务委员会第三十四次会议批准。《市条例》以地方性法规的形式，明确了知识城的管理体制、公共服务、规划建设、产业促进、人才引进、科技创新与成果转化、知识产权保护等事项。实际上，知识城与广州经济技术开发区、广州高新技术开发区、广州出口加工区、广州保税区合署办公（统称广州开发区），实行“五区合一”的管理体制。对于知识城管委会与属地区人民政府的关系，《市条例》第9条第1款规定：“知识城管委会可以根据建设和发展的需要，按照精简、协调、高效的原则，设置、调整相应的管理机构，并可以依托所在地的区人民政府有关行政管理部门以合署办公等方式实施行政管理。”也就是说，知识城管委会依托属地区人民政府以合署办公等方式对社会事务实施行政管理。

立法之初，立法部门深入研究讨论了《条例》与《市条例》的关系。有观点认为，为避免《条例》与《市条例》冲突，建议废止《市条例》，将知识城开发建设的相关重要事项均在《条例》中重新予以明确。有观点认为，《市条例》是市级地方性法规，其最初从立法上解决了知识城管理体制与行使市一级管理权限的问题，《条例》是省级地方性法规，依据国务院批复的《知识城总体发展规划》要求，其目标是推进知识城建设发展，解决省级管理权限下放赋能的问题，二者并不天然存在冲突。最终，立法部门认为《条例》与《市条例》可以并存，各自发挥不同层级立法对知识城建设发展的保障作用，故本条保留确认了知识城的现行管理体制，明确由知识城管委会承担知识城建设发展的具体事务。这不仅符合经济功能区发展的现状，而且将更有利于在知识城建立起廉洁、精干、高效的管理服务体系，为知识城的建设和发展提供更加可靠的组织保障。

为推进知识城的开发建设，不同层面采取了不同的举措。国家层面，知识城以独立议题身份参加副总理级的中新双边合作联合委员会，知识城建设发展中的重大问题可以直接进入国务院决策；部委层面，依托中新联合工作委员会，形成了由商务部牵头，外交、发展改革、教育、科技、住房和城乡建设、知识产权、移民管理等相关国家部委（局）及广东省人民政府共同参与的部际协调机制，定期召开联席会议，研究确定并推进落实知识城发展重大政策和重点事项。根据国务院《关于中新广州知识城总体发展规划（2020—2035 年）的批复》第 3 条“广东省人民政府要加强组织领导，衔接国土空间规划，依据《规划》抓紧制定具体实施方案，明确责任分工，确保《规划》确定的主要目标和重点任务落实到位。《规划》实施中涉及的重大事项、重大政策和重大项目按规定程序报批”的规定，本条第 1 款规定广东省人民政府应当制定落实知识城总体发展规划的实施方案，协调解决知识城建设发展中的重大问题，支持知识城建设发展。为了切实让广东省人民政府在知识城建设发展重大问题中发挥作用，《条例》还具体明确了相应措施：如《条例》第 9 条第 1 款规定广东省人民政府按照国家部署支持知识城布局重大科技基础设施；第 23 条第 1 款规定支持全省重大人才管理改革创新举措在知识城先行先试；第 39 条第 1 款规定广东省人民政府应当加大财政支持力度，支持知识城经济社会建设发展；第 41 条第 1 款规定广东省人民政府优先支持知识城重点建设项目用林需求；第 42 条第 1 款规定广东省人民政府应当加大对知识城轨道交通、快速公路等重大公共基础设施建设的政策支持力度。此外，广东省人民政府于 2021 年 10 月 13 日出台《〈中新广州知识城总体发展规划（2020—2035 年）〉实施方案》。该实施方案提出了关于知识城建设的一系列发展目标和实施措施：（1）打造粤港澳大湾区国际科技创新中心重要引擎，包括建设科技创新重大平台、完善科技创新体制机制、加速优化科技创新生态与强化科技创新金融服务等。（2）构建世界级知识密集型产业体系，包括大力发展知识密集型产业、完善知识密集型产业服务体系、推动区域产业协同联动发展等。（3）打造全球知识产权高地，包括建设知识产权最佳运用区、打造知识产权最严保护区、构建知识产权最优服务区等。（4）打造高水平对外开放新平台，包括深化中新全方位合作，拓展国际合作空间等。（5）营造国际一流营商环境，包括创新营商环境政策和服务、建设国际人才自由港、开展自然资源管理综合改革试点、进一步优化财税政策等。（6）建设绿色智慧型创新城区，包括构建便捷高效交通网络、完善民生服务供给、建设生态宜居城市客厅等。（7）强化保障措施，包括加强组织领导、强化制度保障、强化实施评估、营造良好氛围等。

为推进新加坡与广东的交流合作，2009 年 3 月，广东省经上报外交部、商务部批准签署《新加坡—广东合作理事会备忘录》，与新加坡共同建立“新加坡—广东合作理事会”（以下简称粤新合作理事会）。粤新合作理事会的主要职能为：制定理事会工作流程；确定在不同的合作阶段中双方合作的重点领域和方向；制定年度交流合作计划；解决合作项目在工作层面出现的问题；参与双方其他重大事务的合作。目前，粤新合作理事会成为定期召开双边高层会议，研究知识城合作开发重点事项，协调解决双边合作推进过程中重大问题的重要协调机制。根据广东省人民政府《关于印发中新广州知识城总体发展规划（2020—2035 年）的通知》（粤府函〔2020〕272 号）第 2 条“省有关单位要加强与国家对口部门的沟通请示，按照职责分工，研究制定支持中新广州知识城的具体政策措施，在重大项目建设、体制机制创新等方面给予积极支持，协调解决遇到的困难和问题”的规定，本条第 3 款规定广东省人民政府发展改革、科技、财政、人力资源社会保障、自然资源、交通运输、市场监督管理等相关部门应当按照职责分工，研究制定支持知识城建设发展的具体政策措施，加强对重大项目建设、体制机制创新等方面的支持和指导，并可以依法建立知识城事项报批绿色通道。本条明确广东省人民政府相关职能部门在知识城建设发展中的具体职责，并强调要为知识城事项决策涉广东省乃至国家层面的报批设立绿色通道，就是为用好知识城建设发展中国家、部委与广东省各级层面的议事机制，发挥广东省人民政府在解决知识城建设发展中重大问题上的主动作用。此外，根据广东省人民政府《关于印发中新广州知识城总体发展规划（2020—2035 年）的通知》（粤府函〔2020〕272 号）第 4 条“省商务厅要会同有关单位加强对《规划》实施情况的跟踪分析和督促指导，注意研究新问题、解决新问题、总结新经验，推动《规划》目标任务落实，重大问题及时报告”的规定，本条第 2 款规定广东省人民政府商务主管部门应当会同有关单位，对知识城总体发展规划实施情况进行跟踪分析和督促指导，推动目标任务落实。

根据广东省人民政府《关于印发中新广州知识城总体发展规划（2020—2035 年）的通知》（粤府函〔2020〕272 号）第 3 条“广州市人民政府要切实加强组织领导，衔接国土空间规划，依据《规划》抓紧制定具体实施方案，扎实推动工作落实，确保目标任务如期完成。《规划》实施中涉及的重大事项、重大政策和重大项目按规定程序报批”的规定，本条第 4 款规定广州市人民政府应当加强对知识城建设发展工作的组织领导，统筹推进知识城的建设发展。为充分发挥广州市人民政府对知识城建设发展工作的组织领导作用，广州市成立了广州市中新广州知识城建设工作领导小组，由市委书记担任组长。

第五条【管理权限】

【原文】省人民政府及其有关部门、广州市人民政府及其有关部门可以将承接的国家经济、建设管理权限，在符合法律、行政法规或者国家规定前提下，经国家有关主管部门同意，交由知识城管委会行使。

省人民政府及其有关部门应当根据知识城建设发展需要和所具备的条件，将省级经济、建设管理权限依法调整由知识城管委会实施，确需由省级行政机关统一协调管理的事项除外。省级经济、建设管理权限调整目录应当在本条例施行之日起十二个月内向社会公布，并结合实际情况动态调整。

知识城管委会对省人民政府及其有关部门依法调整由广州市及其有关部门实施的省级经济、建设管理权限，可以在符合法律法规或者国家、省规定前提下直接行使，确需由市级行政机关统一协调管理的事项除外。

知识城管委会对省人民政府及其有关部门依法调整由中国（广东）自由贸易试验区实施的省级经济、建设管理权限，可以在符合法律法规或者国家、省规定前提下直接行使。

知识城管委会承接行使上述经济、建设管理权限情况，应当定期向有关主管部门报告。

【理解与适用】本条是关于知识城管委会管理权限的规定。

本条针对知识城管委会的管理权限，以概括性授权和具体授权相结合的方式向知识城管委会授权，这样更有利于《条例》的执行，降低协调成本。《市条例》第 8 条规定："知识城管委会在知识城行使市人民政府相应的行政管理权，依法履行下列职责：（一）贯彻实施有关法律、法规、规章和政策；（二）组织编制和实施知识城经济和社会发展规划以及相关专项规划；（三）组织编制和实施知识城总体规划、控制性详细规划；（四）根据市土地利用总体规划，对知识城的土地利用依法实施管理；（五）统一管理知识城的发展改革、经贸、科技和信息化、财政、人力资源和社会保障、国土房管、环保、建设、审计、国有资产监管、规划、统计、工商、知识产权等行政工作；（六）法律、法规规定的其他职责。知识城管委会根据国务院及其行政管理部门、省人民政府及其行政管理部门的决定，行使其委托、下放或者以其他方式交由知识城管委会行使的行政管理权。市人民政府应当根据本条例的规定，对知识城管委会的具体行政管理职责、公共服务的范围以及市人民政府各有关行政管理部门在知识城的职责予以明确，并向社会公布。"考虑《市条例》已具体明确知识城管委会的市级管理权限，本条中对知识城管委会具体的市级管理权限不再进行规定。

党的十八大后，为深化行政体制改革、推动政府职能转变，提出了"放管服"改革这一重大举措。所谓"放管服"，就是简政放权、放管结合、优化服务的简称。"放"即简政放权，降低准入门槛。"管"即创新监管，促进公平竞争。"服"即高效服务，营造便利环境。为了落实国家"放管服"的政策精神，本条第 1 款规定广东省人民政府及其有关部门、广州市人民政府及其有关部门可以在符合法律法规或者国家规定前提下，将承接的国家经济、建设管理权限交由知识城管委会行使。该条款所述的国家经济、建设管理权限，是指国务院及其有关部门对经济活动和建设项目进行管理、调控的职权事项。该条款为知识城承接原本由广东省人民政府及其有关部门、广州市人民政府及其有关部门行使的国家经济、建设管理权限作出原则性的规定，即在符合法律法规或者国家规定前提下，广东省人民政府及其有关部门、广州市人民政府及其有关部门可以将承接的国家经济、建设管理权限交由知识城管委会行使。广东省人民政府及其有关部门、广州市人民政府及其有关部门具体承接国家经济、建设管理权限的方式主要有授权和委托两种方式。《行政许可法》第 23 条规定："法律、法规授权的具有管理公共事务职能的组织，在法定授权范围内，以自己的名义实施行政许可。被授权的组织适用本法有关行政机关的规定。"第 24 条第 1 款规定："行政机关在其法定职权范围内，依照法律、法规、规章的规定，可以委托其他行政机关实施行政许可。委托机关应当将受委托行政机关和受委托实施行政许可的内容予以公告。"也就是说，授权行使行政管理职能需要有法律、法规作为依据，委托行使行政管理职能需要有法律、法规、规章作为依据。考虑到目前"放管服"工作的实际情况，以及参考《行政处罚法》第 24 条第 1 款"省、自治区、直辖市根据当地实际情况，可以决定将基层管理迫切需要的县级人民政府部门的行政处罚权交由能够有效承接的乡镇人民政府、街道办事处行使……"的规定，本条款对于知识城管委会行使广东省人民政府及其有关部门、广州市人民政府及其有关部门承接的国家经济、建设管理权限，也是用“交由”来表述，而未使用“授权”“委托”或“下放”。此外，本条款之所以规定广东省人民政府及其有关部门、广州市人民政府及其有关部门可以在符合法律法规或者国家规定前提下，将承接的国家经济、建设管理权限交由知识城管委会行使是具有省人民政府规章作为依据的。《广东省中新广州知识城管理委员会行使省级行政管理职权规定》（广东省人民政府令第174号）第6条规定：“省人民政府根据国务院关于《珠江三角洲地区改革发展规划纲要(2008—2020年)》的批复，可以决定知识城管委会行使行政法规和部门规章规定由省人民政府及其部门行使的部分行政管理职权。”第9条规定：“省人民政府及其部门可以根据本规定，将法律、法规、规章规定由其行使的部分行政管理职权委托知识城管委会行使。”所以，对于国务院通过行政法规以及国务院组成部门通过部门规章明确由广东省人民政府行使的行政管理职权，在取得国务院及其有关部门的同意后，广东省人民政府可以交由知识城管委会行使。

广东省人民政府最早在2011年9月16日发布《广东省第一批调整由中新广州知识城管理委员会实施的省级管理权限事项目录》（广东省人民政府令第163号），将属于省管权限的企业投资项目核准等16项省级管理事项下放知识城管委会实施，将属于省管权限的内资项目确认书核发等4项省级管理事项委托知识城管委会实施。2012年9月4日，广东省人民政府出台《广东省中新广州知识城管理委员会行使省级行政管理职权规定》（广东省人民政府令第174号）。《广东省中新广州知识城管理委员会行使省级行政管理职权规定》第 3 条第 1 款规定：“省人民政府有关部门应当按照本规定，将相关行政管理职权调整由知识城管委会行使，并对知识城管委会行使相关职权的行为予以指导和监督。”第 5 条规定：“法律、法规、规章规定由省人民政府及其部门行使的经济调节、市场监管、社会管理、公共服务等行政管理职权，除确需由省级行政机关统一协调管理的事项外，可以依照本规定调整由知识城管委会行使。”可见，《广东省中新广州知识城管理委员会行使省级行政管理职权规定》已确立了概括性赋予知识城管委会省级经济、建设管理权限的原则，由其第 3 条第 1 款针对广东省人民政府有关部门将相关行政管理职权调整由知识城管委会行使，用的是“应当”这一强制义务性语词。故本条第 2 款概括性赋予知识城管委会省级经济、建设管理权限。同时，为具体明确知识城管委会的省级管理权限，本条第 2 款规定在本条例施行之日起 12 个月内制定省级经济、建设管理权限调整目录，向社会公布并动态调整。

针对广东省人民政府及其有关部门已依法调整由广州市人民政府及其有关部门实施的省级经济、建设管理权限，本条第 3 款规定知识城管委会可以在符合法律法规或者国家、省规定前提下直接行使。该条款的用意还是在于最大程度赋权知识城管委会。一方面，对于广东省人民政府及其有关部门调整由广州市人民政府及其有关部门实施的省级经济、建设管理权限，也就可以依法调整由知识城管委会行使。另一方面，对于广东省人民政府及其有关部门已调整由广州市人民政府及其有关部门实施的省级经济、建设管理权限，在符合法律法规或者国家、省规定前提下知识城管委会可以直接行使，不需要再经广东省人民政府及其有关部门履行相应的调整手续。

针对广东省人民政府及其有关部门依法调整由中国（广东）自由贸易试验区实施的省级经济、建设管理权限，本条第4款规定知识城管委会可以在符合法律法规或者国家、省规定前提下直接行使。该条款规定的用意同样是最大程度赋权知识城管委会，这点与本条第3款的内在逻辑是一致的，同时考虑知识城与中国（广东）自由贸易试验区的联动发展，复制推广自由贸易试验区改革试点经验。一方面，对于广东省人民政府及其有关部门调整由中国（广东）自由贸易试验区实施的省级经济、建设管理权限，也就可以依法调整由知识城管委会行使。另一方面，对于广东省人民政府及其有关部门已调整由中国（广东）自由贸易试验区实施的省级经济、建设管理权限，在符合法律法规或者国家、省规定前提下知识城管委会可以直接行使，不需要再经广东省人民政府及其有关部门履行相应的调整手续。

第六条【复制推广】

【原文】支持知识城与中国（广东）自由贸易试验区联动发展，依法复制推广自由贸易试验区改革试点经验。其他区域的改革试点措施，按照国家规定可以扩大试点范围的，省人民政府可以优先安排在知识城实施。

支持知识城与广州高新技术产业开发区、经济技术开发区等联动发展，开辟开放合作新路径，探索创新发展新模式。

【理解与适用】本条是关于中国（广东）自由贸易试验区与

国家其他区域改革试点措施在知识城复制推广的规定。

自由贸易试验区，是指国家在特定地区设立的经济性特区，以在一定范围内推行更加自由、开放、便利的贸易政策，以促进贸易自由化、投资便利化、经济创新等方面的改革实践。自由贸易试验区通常具有以下特点：（1）贸易自由化。自由贸易试验区通常实行更为开放的贸易政策，包括减少或取消部分贸易壁垒、关税和非关税措施，鼓励国际贸易活动的发展。（2）投资便利化。为吸引外资和鼓励本地投资，自由贸易试验区会提供更加灵活、便利的投资政策，包括放宽外资准入条件、简化投资审批程序等。（3）金融创新。自由贸易试验区通常会推动金融业的改革和创新，包括试点开展资本项目可兑换、推动跨境人民币结算等。（4）服务业开放。自由贸易试验区会放宽对服务业的市场准入，鼓励跨国企业在区内设立分支机构，促进服务业的国际化发展。（5）科技创新。自由贸易试验区会鼓励科技创新和知识产权保护，推动高新技术产业的发展。2013 年 8 月 17 日，国务院批准成立我国第一个自由贸易试验区，即中国（上海）自由贸易试验区。2015 年，中国（广东）自由贸易试验区、中国（天津）自由贸易试验区、中国（福建）自由贸易试验区得以成立。截至 2023 年 11 月，国务院在全国各地共批复设立了 27 个自由贸易试验区。为进一步深化改革开放、创新发展，落实简政放权、放管结合、优化服务，国务院自 2015 年以来多次发布通知推动自由贸易试验区在投资、贸易、金融、事中事后监管等多方面形成的改革试点经验在全国范围内复制推广。《知识城总体发展规划》第九章“保障措施”中即提出“围绕发展需求，加大对知识城的政策支持力度。支持知识城复制推广自由贸易试验区改革试点经验，进一步下放有关国家和省级审批权限和管理权限，支持知识城在知识创造、科技创新、引才用才、知识产权、国际合作、金融服务、产业发展等方面出台专项改革举措和政策措施，重点在要素配置市场化、产权保护、科技管理体制改革等方面进行突破性探索”。本条为落实《知识城总体发展规划》要求，推动知识城与中国（广东）自由贸易试验区联动发展，直接规定知识城可以依法复制推广自由贸易试验区改革试点经验。此外，考虑目前我国设立的经济功能区不仅有自由贸易试验区，还有国家自主创新示范区、国家高新技术产业开发区、国家经济技术开发区等多种载体形式，本条还规定其他区域的改革试点措施，按照国家规定可以扩大试点范围的，广东省人民政府优先安排在知识城实施。

广州高新技术产业开发区成立于 1991 年 3 月，是国务院批准设立的首批国家级高新技术产业开发区之一，地处广州市东部。1997 年，广州市人民政府对广州高新技术产业开发区管理体制进行调整，形成了由广州科学城、天河科技园、黄花岗科技园、民营科技园和南沙资讯园组成的“一区多园”格局。在 1998 年 8 月，中共广州市委、广州市人民政府经研究决定，报科学技术部批准后，广州经济技术开发区与广州高新技术产业开发区合署办公，形成了“两块牌子，一套管理机构”的模式。2016 年 5 月，广州高新技术产业开发区被国务院确定为大众创业万众创新示范基地。近年来，广州高新技术产业开发区以建设粤港澳大湾区综合性国家科学中心的重要承载区为目标，提出了如下的发展计划：创建呼吸健康与突发公共卫生事件防控国家实验室；建设航空轮胎动力学大科学装置、人类细胞谱系大科学研究设施、慧眼大科学研究设施等三个大科学装置；建设粤港澳大湾区新兴产业国家技术创新中心、纳米国家科学中心、太赫兹国家科学中心、国家金属腐蚀控制研究中心等四个中心。广州高新技术产业开发区是一个在高科技产业领域取得显著成就的国家级开发区，也是广州市对外开放和科技创新的先行者，为促进当地经济发展和国际科技合作作出了重要贡献。广州经济技术开发区于 1984 年经国务院批准成立，是全国首批国家级经济技术开发区之一，与广州高新技术产业开发区、广州出口加工区、广州保税区、知识城合署办公，实行“五区合一”的管理体制。鉴于知识城与广州高新技术产业开发区、广州经济技术开发区合署办公，考虑到发挥知识城的示范引领和辐射带动作用，协同周边区域实现高质量发展的需要，本条还规定知识城与广州高新技术产业开发区、广州经济技术开发区等联动发展，并要在当前广州开发区已取得的发展成果基础上，开辟开放合作新路径，探索创新发展新模式。

第七条【创新容错】

【原文】 知识城营造开放包容、合作协同、崇尚创新的环境，鼓励各类主体创新创业，激发市场活力和发展动力。

知识城建立容错免责机制，支持先行先试，宽容失败。在知识城先行先试未能实现预期目标，但是符合知识城总体发展规划，决策程序合法，未牟取私利或者未恶意损害公共利益的，对有关单位和个人不作负面评价，免于追究相关责任。

【理解与适用】本条是关于知识城鼓励创新、宽容失败总则性的规定。

随着我国综合国力和国际分工地位的显著上升，国内转变经济发展方式的要求以及世界经济格局发生重大变化带来的机遇，都迫切需要我们实施新一轮的对外开放战略，广泛开展国际合作。我国四十余年来的改革开放之所以能够取得成功，很重要的一条经验就是先试点后推广、先易后难、先做后说。因此，实施新一轮的对外开放战略同样需要选择一个合适的地区以恰当的方式进行有益的探索和尝试。粤港澳大湾区一直都是我国改革开放的最前沿，为我国的改革开放事业作出了重要贡献。当前，粤港澳大湾区也面临着经济结构转型和发展方式转变带来的机遇和挑战。《知识城总体发展规划》赋予了知识城进一步发挥对全国的辐射带动作用和先行示范作用这一历史使命。在这样的背景下，中国和新加坡合作建设知识城，恰好是为我国实施新一轮对外开放战略提供了一个理想的“试验田”。知识城已具备很好的在对外开放条件下发展知识经济的基础。知识城地处粤港澳大湾区，科技教育基础雄厚，综合经济实力强，对外开放水平高，区位优势十分突出。通过开展国际合作，将有利于对外部资源的充分利用，使知识经济的生产要素向知识城聚集，形成知识产业的集群效应。最终目的是要谋取全球知识经济的制高点，引领粤港澳大湾区经济转型和发展，并进一步发挥对全国的辐射带动作用。

广州开发区作为地处沿海的经济功能区，得开放风气之先，迅速发展和壮大，各种经济发展指标处于全国开发区的前列，但是也面临转变经济发展方式的迫切要求：需要从传统的外向型发展模式转向自主创新和高端引进相结合的发展模式；从低端制造向品牌和研发两端延伸；从投入资金、土地、资源等要素的粗放型发展转向以人力资本投入为主的创新驱动型发展。知识城要实现上述三个转变，关键靠创新，要鼓励各类主体创新创业，支持有利于创新创业的体制机制先行先试，营造鼓励创新创业、宽容失败的发展氛围，增强市场活力和发展动力。同时，为鼓励创新，既需要知识城营造开放包容、合作协同、崇尚创新的环境，鼓励各类主体创新创业，激发市场活力和发展动力，也需要政府内部建立容错免责机制，支持先行先试，宽容失败。

第二章　科技创新与知识产权保护

第八条【总体要求】

【原文】 知识城应当集聚科技创新要素，完善科技创新体系，深化科技体制改革，提高科技创新能力。

知识城应当推动知识产权创造与运用，强化知识产权保护，发展知识产权服务业，打造全球知识产权高地。

【理解与适用】 本条是关于在知识城范围内鼓励科技创新与开展知识产权保护的原则性规定。

本条第1款根据《知识城总体发展规划》第三章的内容与要求，提出了知识城在推动科技创新方面的使命和目标。首先，知识城要集聚科技创新要素。知识城应成为一个吸引全球顶尖科学家、研究人才和研发机构的热点，通过引进国内外知名大学、诺贝尔奖获得者等，建设国际化的创新型大学，并组建具有国际影响力的创新团队，汇聚全球创新资源。这将有助于提供高质量的人才和研究能力，加速科技创新的步伐。其次，知识城要完善科技创新体系。知识城的科技创新体系应强调跨学科、跨领域的研究，以关注颠覆性技术和前沿研究为特点。这将促进前瞻性和变革性技术的研发，同时鼓励企业参与创新活动，培育世界一流创新型企业。建设产业共性技术研发平台和行业检测平台，推动企业和高校、科研院所之间的协同创新，有助于促进科技成果转化为产业活动。最后，知识城要深化科技体制改革。在知识城，应采取一系列改革措施，以吸引和管理国际人才，包括建立便捷的签证和居留制度，提供住房、教育、医疗和社会保障等服务，以增加吸引力。加强产学研协同创新，鼓励企业成为技术创新的主体，促进技术成果转化为产业活动。优化创新研发的跨区域合作，推动创新要素的自由流动，提高科技创新体制的开放度和包容性，以加强科技创新的国际合作和跨界融合。知识城提出以上建设目标，旨在紧紧把握全球新一轮科技革命和产业变革重大机遇，依托粤港澳大湾区集聚全球创新资源，大力推进基础研发和原始创新，成为粤港澳大湾区高质量发展重要引擎。

2016 年 7 月 13 日，国务院作出《关于同意在中新广州知识城开展知识产权运用和保护综合改革试验的批复》（国函〔2016〕122 号），同意在知识城开展知识产权运用和保护综合改革试验，要求广东省人民政府、国家知识产权局按照中共中央、国务院决策部署，紧紧围绕加快实施创新驱动发展战略，深入实施知识产权战略，深化知识产权领域改革，破除制约知识产权支撑创新驱动发展的体制机制障碍，严格知识产权保护，盘活知识产权运营市场，提升产业发展层次，充分发挥知识产权激励创新的基本保障作用，激发创新活力，打通创新链条，释放创新效益，促进大众创业、万众创新蓬勃发展，将知识城打造成“立足广东、辐射华南、示范全国”的知识产权引领型创新驱动发展之城，为建设知识产权强国探索经验。本条第 2 款根据《知识城总体发展规划》第四章的内容与要求，提出知识城将在知识产权领域进行全方位的建设和发展。首先，知识城将推动知识产权创造与运用。知识城致力于提升知识产权的创造能力。这包括鼓励创新文化，将知识产权视为创新活动的核心产物和价值媒介。知识城将加强支持高价值知识产权的创造，通过实施知识产权质量提升工程，优化专利、商标、版权等知识产权结构，培育核心自主知识产权，还将采取措施促进企业和机构创建高价值专利，包括国际专利，并鼓励海外布局。其次，知识城将强化知识产权保护。知识城应建设科学合理的知识产权保护体系，以保障知识产权人的权益。这包括严格的知识产权保护标准，全面运用法律、行政、经济、技术、社会治理等手段，以强化知识产权的保护，提高保护能力和水平。充分发挥广州知识产权法院的作用，加强知识产权司法保护，改善审判制度，以推动知识产权审判领域的改革和创新。再次，知识城将发展知识产权服务业。知识城应培育多样化的知识产权服务业，包括知识产权代理、咨询、商业化、交易、融资、法律和培训等。构建全链条的知识产权服务业体系，支持知识产权服务机构的发展，为技术研发、货物贸易、服务外包、海外投资等活动提供专业化服务。最后，知识城将打造全球知识产权高地。知识城的目标是通过以上措施，将自身建设成为全球知识产权高地，具备强大的知识产权创造、运用和保护能力，同时吸引国际合作和国际专业人才。这将有助于提高知识城乃至广州市的国际影响力，吸引更多国际知识产权交流和合作，进一步推动知识城的全球化。

第九条【科技基础设施和科研机构】

【原文】省人民政府按照国家部署支持知识城布局重大科技

基础设施，对知识城已列入国家重大科技基础设施建设规划的项目给予经费支持。

省人民政府支持知识城与全球顶尖高校、科研机构共建联合研究院，开展重大基础和前沿科学技术研究；支持知识城高标准建设国家级重点实验室，集聚高端研发机构。

【理解与适用】本条是关于知识城聚集创新要素、推进重大科学基础设施与重点实验室建设的规定。

本条第1款所述重大科技基础设施，是指在国家或地区层面为了支持科技研发、推动技术创新和促进产业发展，投入大量资金和资源建设的具有重要科技功能和影响力的基础设施项目。重大科技基础设施通常需要具备以下特点：（1）科技领域的前沿性和战略性。重大科技基础设施通常涉及科技领域的前沿技术，具有战略意义，对于国家或地区的科技实力和创新能力有着重要的推动作用。（2）投资规模巨大。建设和维护重大科技基础设施需要大量的资金投入，通常具有较高的经济投资价值。（3）具备先进技术和设备。重大科技基础设施在建设和运营过程中，通常需要采用最先进的技术和设备，需要高度的技术专业知识和管理。（4）服务于多个领域或多个研究方向。重大科技基础设施往往具有较强的通用性，可以为多个科技领域或多个研究方向提供支持和服务。（5）开放共享和公益性质。重大科技基础设施通常是公共资源，为科研机构、高校、企业等提供开放共享的服务，以促进整个科技社区的共同发展。（6）对国家或地区的科技发展具有战略意义。重大科技基础设施的建设和运营对于国家或地区的科技发展具有战略意义，可以推动相关领域的发展，提升整体科技实力，像大型粒子加速器、卫星观测系统、超级计算机中心、高技术水平的生物医药研究中心等都是重大科技基础设施。这些设施在各自领域具有极高的科研价值和应用前景，对于推动相关科技领域的发展具有重要作用。重大科技基础设施集中体现了当代科学技术发展的最高水平，代表了探索未知世界、发现自然规律、实现技术变革的极限能力，是突破科学前沿、解决经济社会发展和国家安全重大科技问题必不可少的基础条件。重大科技基础设施在一定程度上代表国家科技水平、创新能力和综合实力，是世界科技强国的重要标志。在广东省实施创新驱动发展战略和建设科技强省的进程中，重大科技基础设施是抢占科技制高点、引领重要科技领域、开拓新兴交叉领域的重器，是突破关键核心技术、催生高新技术、开辟新的经济增长点的发动机，是集聚和培养世界级高端人才、建设国际一流科研机构、开展高水平国际科技交流与合作、打造世界科学中心的重要基础。2018年3月14日，国务院印发了《积极牵头组织国际大科学计划和大科学工程方案》，提出通过牵头组织大科学计划，在世界科技前沿和驱动经济社会发展的关键领域，形成具有全球影响力的大科学计划布局，开展高水平科学研究，培养引进顶尖科技人才，增强凝聚国际共识和合作创新能力，提升我国科技创新和高端制造水平，推动科技创新合作再上新台阶，努力成为国际重大科技议题和规则的倡导者、推动者和制定者，提升在全球科技创新领域的核心竞争力和话语权。为推动知识城的科技创新，本条第1款提出广东省人民政府按照国家部署支持知识城布局重大科技基础设施，即对于国家层面计划在广东省部署的重大科技基础设施优先在知识城布局。同时，为具体支持知识城重大科技基础设施的落地，本条第 1 款直接明确对知识城已列入国家重大科技基础设施建设规划的项目给予经费支持，这将有利于激发知识城创新主体积极参与申报建设国家重大科技基础设施项目，将知识城打造成广东省内的创新高地。目前，知识城所在的广州开发区，依托中国科学院广州生物医药与健康研究院启动建设人类细胞谱系大科学研究设施，该设施已通过国家“十四五”项目立项评审并纳入相关建设规划，是粤港澳大湾区首个列入国家重大科技基础设施建设规划的生命科学领域设施，该设施将推动我国生命科学相关领域研究实现跨越式转变，使我国的人类细胞谱系研究整体达到世界先进水平，同时为我国生物医药产业的原始创新提供了重要的研究平台。依托中国科学院长春应用化学研究所及广东粤港澳大湾区黄埔材料研究院，建设航空轮胎动力学大科学装置，打造具有世界一流水平的航空轮胎研发与创新基地，填补国内航空轮胎动力学试验平台空白，解决我国航空轮胎制造“卡脖子”问题。依托华南生物医药研究院等科研院所启动建设慧眼大设施工程，该工程将建成以大队列、多维度的生命组学数据生产和智能计算体系为主要载体，通过软硬件融合与人工迭代，创建全球第一个“碳—硅”融合智能终端大科学装置。

当前，新一轮科技革命和产业变革正在孕育兴起。《知识城总体发展规划》第三章第一节提出要“集聚高端研发机构。围绕国家战略需求，与全球顶尖高校和科研机构共建联合研究院，积极承担重大基础和前沿科研任务。加快聚集国际化高端创新资源，支持广州再生医学与健康广东省实验室建设”。技术创新的基础在于知识创新的积累，一个地区原始创新能力的提升在于持续深入的基础研究积淀。本条第 2 款规定，广东省人民政府支持知识城与全球顶尖高校、科研机构共建联合研究院，开展重大基础和前沿科学技术研究；支持知识城高标准建设国家级重点实验室，集聚高端研发机构。目前，知识城依托清华大学建立了清华珠三角研究院，依托新加坡南洋理工大学、华南理工大学建立了中新国际联合研究院，依托新加坡国立大学建立了新加坡国立大学广州创新研究院，依托中国科学院国家纳米科学中心建立了广东粤港澳大湾区国家纳米科技创新研究院，依托中国科学院建立了中国科学院广州生物医药与健康研究院等众多研究院。同时，围绕再生医学前沿基础研究、临床创新研究、生物信息、生物安全以及高端生物医疗器械耗材的研发，知识城所在的广州开发区于 2017 年 12 月 22 日组建了生物岛实验室。生物岛实验室是广东省对标国家实验室启动建设的四家首批省实验室之一。

第十条【新型研发机构和高新技术企业】

【原文】知识城培育和推动新型研发机构建设，支持新型研发机构在开展科技研发、加速成果转化、培育创新人才、建设创新文化等方面进行体制机制和服务创新。省人民政府科技主管部门应当为知识城建立省级新型研发机构绿色申报通道。

新型研发机构在政府项目承担、职称评审、人才引进、建设用地、投资融资等方面享受与国有科学技术研究开发机构同等待遇。符合条件的新型研发机构提供技术转让、技术开发以及相关的技术咨询、技术服务所取得的收入，按照国家规定享受税收减免等相关优惠。

知识城培育扶持高新技术企业。经认定的高新技术企业，按照国家规定享受税收减免等相关优惠。

【理解与适用】本条是关于知识城聚集创新要素、支持新型研发机构发展与加强高新技术企业培育扶持的规定。

根据《科技部印发〈关于促进新型研发机构发展的指导意见〉的通知》（国科发政〔2019〕313号）的规定，新型研发机构是指聚焦科技创新需求，主要从事科学研究、技术创新和研发服务，投资主体多元化、管理制度现代化、运行机制市场化、用人机制灵活的独立法人机构，可依法注册为科技类民办非企业单位（社会服务机构）、事业单位和企业。新型研发机构包括事业单位、企业、科技类民办非企业单位三种类型。事业单位类新型研发机构，一般由政府与高等院校、科研院所联合主办，无人员编制、无行政级别、无人员经费，采用企业化管理，非营利性经营，依托高等院校、科研院所的科研技术力量与政府的政策支持、资金投入，提升区域科技创新能力，服务地区产业发展。企业类新型研发机构按照《商事主体登记管理条例（草案）》等规定进行登记管理，一般以企业或个人出资为主，实行营利性经营，以市场化为导向进行自主研发，同样可以起到支撑区域科技创新能力提升与发展产业的作用。科技类民办非企业单位按照《民办非企业单位登记管理暂行条例》等规定进行登记管理，非营利性经营，运营所得利润主要用于机构管理运行、建设发展和研发创新等，出资方不得分红。与事业单位类新型研发机构相比，科技类民办非企业单位可依法享有一定的税收优惠，管理体制机制更为灵活。新型研发机构已成为一种重要的创新载体，知识城引进的科研院所亦大多通过在知识城设立新型研发机构开展科技研发。传统模式下，高等院校和科研院所主要从事基础前沿研究，企业主要从事技术产品开发，产学研合作受到利益关系和体制机制掣肘。在新一轮科技革命和产业变革背景下，科技创新模式正在发生重大变化，更加复杂、艰巨和不确定。在新模式下，不同的创新主体以新型研发机构为载体，能更好地带动人才、知识、技术、资本等创新要素跨区域跨行业组合，更有效地连接基础前沿研究、技术产品开发、工程化和产业化，形成协同创新的新格局。2015 年 9 月 24 日，中共中央办公厅、国务院办公厅印发的《深化科技体制改革实施方案》明确提出要“推动新型研发机构发展，形成跨区域、跨行业的研发和服务网络”。故本条第 1 款规定，知识城培育和推动新型研发机构建设，支持新型研发机构在开展科技研发、加速成果转化、培育创新人才、建设创新文化等方面进行体制机制和服务创新。同时，为了支持知识城培育和推动新型研发机构建设，发挥广东省人民政府在知识城建设发展重大问题中的作用，本条第 1 款还规定，广东省人民政府科技主管部门应当为知识城建立省级新型研发机构绿色申报通道。这也正是《条例》第 4 条第 3 款规定的，广东省人民政府相关职能部门要依法建立知识城事项报批绿色通道的具体体现。

2016 年 7 月 28 日，国务院发布的《“十三五”国家科技创新规划》明确提出发展面向市场的新型研发机构，积极推广众包、用户参与设计、云设计等新型研发组织模式，积极培育市场化新型研发组织、研发中介和研发服务外包新业态，对民办科研院所等新型研发组织在承担国家科技任务、人才引进等方面与同类公办科研院所实行一视同仁的支持政策。制定鼓励社会化新型研发机构发展的意见，探索非营利性运行模式。《科技部印发〈关于促进新型研发机构发展的指导意见〉的通知》（国科发政〔2019〕313 号）第 11 条规定："符合条件的新型研发机构，可适用以下政策措施。（一）按照要求申报国家科技重大专项、国家重点研发计划、国家自然科学基金等各类政府科技项目、科技创新基地和人才计划。（二）按照规定组织或参与职称评审工作。（三）按照《中华人民共和国促进科技成果转化法》等规定，通过股权出售、股权奖励、股票期权、项目收益分红、岗位分红等方式，激励科技人员开展科技成果转化。（四）结合产业发展实际需求，构建产业技术创新战略联盟，探索长效稳定的产学研结合机制，组织开展产业技术研发创新、制订行业技术标准。（五）积极参与国际科技和人才交流合作。建设国家国际科技合作基地和国家引才引智示范基地；开发国外人才资源，吸纳、集聚、培养国际一流的高层次创新人才；联合境外知名大学、科研机构、跨国公司等开展研发，设立研发、科技服务等机构。"广东省科学技术厅等十部门《关于支持新型研发机构发展的试行办法》（粤科产学研字〔2015〕69 号）第 6 条规定："省、市、区多级联动，择优扶持新创建的新型研发机构建设和发展，鼓励各级政府设立专项资金扶持新型研发机构发展。新型研发机构在申报、承担各级财政科技计划项目时，可享受科研事业单位同等资格待遇。"新型研发机构作为一种企业化运营的研究机构，此种机制的创设初衷，就是考虑通过市场化的激励机制促进科技创新研究和产业转化。但是，与传统的高等院校、科研院所相比，新型研发机构在项目申报、职称评审、人才引进、建设用地、投资融资等方面存在一种劣势。参考《广东省自主创新促进条例》第 17 条第 2 款的规定，本条第 2 款明确，新型研发机构在政府项目承担、职称评审、人才引进、建设用地、投资融资等方面享受与国有科学技术研究开发机构同等待遇。此外，根据财政部、国家税务总局《关于全面推开营业税改征增值税试点的通知》（财税〔2016〕36 号）附件 3《营业税改征增值税试点过渡政策的规定》第 26 条的规定，纳税人提供技术转让、技术开发和与之相关的技术咨询、技术服务免征增值税。此处的技术转让、技术开发，是指《销售服务、无形资产、不动产注释》中“转让技术”“研发服务”范围内的业务活动。技术咨询，是指就特定技术项目提供可行性论证、技术预测、专题技术调查、分析评价报告等业务活动。与技术转让、技术开发相关的技术咨询、技术服务，是指转让方（或者受托方）根据技术转让或者开发合同的约定，为帮助受让方（或者委托方）掌握所转让（或者委托开发）的技术，而提供的技术咨询、技术服务业务，且这部分技术咨询、技术服务的价款与技术转让或者技术开发的价款应当在同一张发票上开具。此事项的备案程序如下：试点纳税人申请免征增值税时，须持技术转让、开发的书面合同，到纳税人所在地省级科技主管部门进行认定，并持有关的书面合同和科技主管部门审核意见证明文件报主管税务机关备查。故本条第 2 款还规定，符合条件的新型研发机构提供技术转让、技术开发以及相关的技术咨询、技术服务所取得的收入，按照国家规定享受税收减免等相关优惠。

本条第 3 款所述高新技术企业，是指在国家重点支持的高新技术领域内，持续进行研究开发与技术成果转化，形成企业核心自主知识产权，并以此为基础开展经营活动，在中国境内注册一年以上的居民企业。具体国家重点支持的高新技术包含哪些，科学技术部、财政部、国家税务总局在印发的《高新技术企业认定管理办法》[①] 附件《国家重点支持的高新技术领域》中列明了电子信息、生物与新医药、航空航天、新材料、高技术服务、新能源与节能、资源与环境、高新技术改造传统产业 8 个领域。2014 年 10 月 9 日，国务院《关于加快科技服务业发展的若干意见》（国发〔2014〕49 号）公布施行，明确提出“完善高新技术企业认定管理办法，充分考虑科技服务业特点，将科技服务内容及其支撑技术纳入国家重点支持的高新技术领域，对认定为高新技术企业的科技服务企业，减按 15% 的税率征收企业所得税”。2023 年 8 月 14 日，广州市人民政府办公厅印发《广州市壮大科技创新主体促进高新技术企业高质量发展若干措施》，明确“对首次认定通过的高新技术企业给予 20 万元奖励，重新认定通过的高新技术企业给予 10 万元奖励”。高新技术企业是一种重要的知识密集、技术密集经济实体。电子信息、生物与新医药、航空航天、新材料、高技术服务、新能源与节能、资源与环境、先进制造与自动化等领域企业的创新发展，必然会带动整个社会面的科技创新和产业发展。截至 2022 年年底，广州开发区拥有高新

① 该部门规范性文件现已废止。

技术企业2573家，数量居全国经济技术开发区第一，占广州市高新技术企业的比重达20.8%；其中，百亿级高新技术企业达到7家，上市高新技术企业达到53家，占广州市上市高新技术企业的半壁江山，数量均居广州市第一。故本条第3款规定，知识城要培育扶持高新技术企业。经认定的高新技术企业，按照国家规定享受税收减免等相关优惠。

第十一条【创新体系建设】

【原文】知识城建立健全全链条创新创业模式，发展研发设计、中试孵化、科技咨询、检验检测、技术标准研制、成果转化等科技服务机构，建设科技文献服务平台、科学数据共享平台、技术转移服务平台等公共服务平台，改善科技创新生态。

【理解与适用】本条是关于知识城建立创新体系的规定。

2020年8月24日，习近平总书记在经济社会领域专家座谈会上指出："我们更要大力提升自主创新能力，尽快突破关键核心技术。这是关系我国发展全局的重大问题，也是形成以国内大循环为主体的关键。"党的十九届四中全会通过的中共中央《关于坚持和完善中国特色社会主义制度 推进国家治理体系和治理能力现代化若干重大问题的决定》强调"建立以企业为主体、市场为导向、产学研深度融合的技术创新体系，支持大中小企业和各类主体融通创新，创新促进科技成果转化机制"。中共中央、国务院《关于新时代加快完善社会主义市场经济体制的意见》将"建立以企业为主体、市场为导向、产学研深度融合的技术创新体系"作为"全面完善科技创新制度和组织体系"的重要举措。由此可见，推动形成以国内大循环为主体、国内国际双循环相互促进的新发展格局，科技创新要发挥更强有力的作用，因而也要求加快建立和完善技术创新体系。

1. 打造强大的企业创新主体

2020 年 7 月 21 日，习近平总书记在京主持召开企业家座谈会并发表重要讲话。习近平总书记强调："企业家要做创新发展的探索者、组织者、引领者，勇于推动生产组织创新、技术创新、市场创新，重视技术研发和人力资本投入，有效调动员工创造力，努力把企业打造成为强大的创新主体。"2020 年 8 月 24 日，习近平总书记在中南海主持召开经济社会领域专家座谈会并发表重要讲话。习近平总书记强调："要发挥企业在技术创新中的主体作用，使企业成为创新要素集成、科技成果转化的生力军，打造科技、教育、产业、金融紧密融合的创新体系。"拥有核心技术能力突出、集成创新能力强的创新型领军企业和企业集群，是经济高质量发展的基石。为此，要着力做好以下几点：一是要加强企业主导的创新组织建设。支持企业主导建立发展研发设计、中试孵化、科技咨询、检验检测、技术标准研制、成果转化等前沿科技服务机构，开展应用基础研究和前沿技术开发。从多方面加快完善关键核心技术攻关的新型体制，突出企业主体作用。推动企业建设高水平研发机构，支持领军企业建立国家重点实验室、国家级企业技术中心，依托企业建设工程（技术）研究中心，完善由企业牵头实施应用性重大科技项目的机制。二是支持企业开展科技成果转化应用。推动企业联合高校、科研院所，建设研发和技术转移机构，加强研发创新成果应用与推广、标准研制等。三是加强大中小企业融通创新。支持大企业整合行业创新资源，主导建设开放式创新服务平台，面向中小企业开放产业资源、应用场景和研发需求，开展专业孵化服务，推进合作研发。打造由行业龙头企业、独角兽企业、种子企业等组成的企业梯度培育体系，建设大企业与中小企业协同创新的高精尖企业集群。

2. 建设创新服务平台

科技服务业能够有效集聚和配置创新要素，是创新体系市场机制实现的重要载体。本条提出发展研发设计、中试孵化、科技咨询、检验检测、技术标准研制、成果转化等科技服务机构，建设科技文献服务平台、科学数据共享平台、技术转移服务平台等公共服务平台，开展科技创新与成果转化一体化全链条服务，是《知识城总体发展规划》提出的“切实改善科技创新生态。以促进科技成果转化和加强创新服务为重点，着力实现‘众创空间—孵化器—加速器—科技园’的全链条创新创业模式，大力发展研发设计、中试孵化、检验检测、成果转化等科技服务机构，建设科技文献服务平台、科学数据共享平台、技术转移服务平台等公共服务平台。建立一批低成本、便利化、开放式虚拟创新社区，大力发展科技中介服务与科技金融服务，创新服务模式，鼓励创业投资基金在知识城设立分支机构，建设社会化、网络化的科技中介服务体系和国际一流科技服务中心”的要求的具体体现。同时，加强科技基础条件平台建设，构建区域特色创新体系，构建多层次、多领域、定制化的开放共享服务网络，也是对建设多层次多元化的创新服务体系，开拓应用研发、技术转移等相融合的新型服务模式和产业化路径的有力探索。

第十二条【项目申报】

【原文】支持知识城内高等学校、科研院所、产业技术创新联盟、企业以及个人按照国家规定申报和承担国内外重大科技项目，可以经知识城管委会向省人民政府科技主管部门直接推荐申报省重点科技计划和省人才专项计划。

【理解与适用】本条是关于知识城完善创新体制，对知识城创新主体申报和承担国内外重大科技项目纳入政策支持范围的规定。

本条所述重大科技项目，即国家科技重大专项，是指为了实现国家目标，通过集成资源和突破核心技术，在一定时限内完成的重大战略产品、关键共性技术和重大工程。中华人民共和国成立以来，我国实施以“两弹一星”、载人航天、杂交水稻等为代表的若干重大科技项目，显著提升了国家综合国力。美国、日本等发达国家也都把围绕国家目标组织实施重大科技专项计划作为提高国家竞争力的重要措施。国务院发布的《国家中长期科学和技术发展规划纲要（2006—2020 年）》确定了核心电子器件、高端通用芯片及基础软件、极大规模集成电路制造技术及成套工艺、新一代宽带无线移动通信、高档数控机床与基础制造技术、大型油气田及煤层气开发、大型先进压水堆及高温气冷堆核电站、水体污染控制与治理、转基因生物新品种培育、重大新药创制、艾滋病和病毒性肝炎等重大传染病防治、大型飞机、高分辨率对地观测系统、载人航天与探月工程等重大专项，涉及信息、生物等战略产业领域，能源资源环境和人民健康等重大紧迫问题，以及军民两用技术和国防技术。

“十四五”时期是我国加快建设科技创新强国和推动粤港澳大湾区初步建成具有全球影响力的科技和产业创新高地的关键时期，也是以科技创新推动新旧动能转换、推动经济社会高质量发展的重要时期。广东省是实施创新驱动发展战略的排头兵，在推动我国进入创新型国家前列的过程中负有重大责任。广东省发布的《广东省科技创新“十四五”规划》中就提出了“十四五”时期广东省科技创新发展的定位目标、重点方向和主要任务，即围绕建设更高水平的科技创新强省“1 条主线”，让粤港澳大湾区和深圳中国特色社会主义先行示范区“双区驱动”效应持续释放，突出国家重大需求、世界科技前沿、经济主战场、人民生命健康、企业创新能力、人才队伍建设、体制机制改革，着力增强战略科技力量、强化源头创新供给、提升支撑引领能力、服务美好生活需求、强化创新主体地位、打造创新人才高地、推进创新治理现代化，实施“科技创新十大重点行动计划”，面向经济主战场，围绕“补短板、锻长板”，在芯片设计与制造、工业软件、生物医药、现代种业等重点领域狠抓“卡脖子”关键核心技术攻关，打好产业基础高级化和产业链现代化攻坚战。制定高新技术产业开发区高质量发展行动计划，加快推动国家高新技术产业开发区地市全覆盖，大力支持高端创新资源向高新技术产业开发区集聚。所以，广东省层面亦设立了省重点科技计划。同样，广东省人才专项计划是广东省人民政府为吸引和培养高层次人才、推动科技创新和经济发展而设立的计划。这个计划旨在吸引国内外优秀的人才，为人才提供良好的工作和生活条件，以推动广东省在各个领域的发展。

知识城是各类高新技术产业发展的集聚地带，也是中新两国各类高新技术的汇聚地。所以，本条既明确支持知识城内高等学校、科研院所、产业技术创新联盟、企业以及个人按照国家规定申报和承担国内外重大科技项目，又明确知识城管委会可以向广东省人民政府科技主管部门直接推荐申报省重点科技计划和省人才专项计划，这将有利于知识城实现科技创新综合实力的提升，建成更高水平的科技创新强区，并将知识城建设为粤港澳大湾区具有国际影响力的科技和产业创新高地，成为国家重要创新动力源。

第十三条【知识产权服务机构】

【原文】支持高等学校、科研院所建立健全知识产权转移转化机构，探索与企业联合建立高价值专利创造中心，提升知识产权创造能力。推动在知识城开通专利优先审查、集成电路布图设计登记等知识产权申请绿色通道。

支持知识城引入新加坡及港澳知识产权服务机构，培育知识产权运营机构，规范发展知识产权交易中心，建设国际知识产权运营中心，加速知识产权市场化运营。

知识城创新和完善知识产权价值评估制度，引导行业组织制定知识产权评估标准，培育具有公信力和市场认可度的知识产权评估机构。

【理解与适用】本条是关于知识城支持知识产权创造与运

用，推进知识产权服务机构发展的规定。

2021 年 10 月 9 日，国务院印发的《“十四五”国家知识产权保护和运用规划》提出，要培育发展知识产权服务业，培育一批国际化、市场化、专业化的知识产权服务机构。2021 年 10 月 19 日，国家知识产权局知识产权发展研究中心发布《2020 年中国知识产权发展状况评价报告》，该报告显示，国家知识产权战略实施以来，我国知识产权发展迅速，具备了向知识产权强国迈进的基础。从报告评价结果来看，自《国家知识产权战略纲要》实施以来，我国知识产权综合实力实现了快速跃升，2020 年全国知识产权综合发展指数从 2010 的基期值 100 提升至 304.7，年均增速 11.8%。具体来看，我国知识产权创造能力提升，全国知识产权创造指数从 2010 年的基期值 100 增至 2020 年的 296.5，年均增速达到 11.5%；知识产权运用效益显现，全国知识产权运用指数从 2010 年的基期值 100 增至 2020 年的 267.4，年均增速达到 10.3%；知识产权保护水平加强，全国知识产权保护指数从 2010 年的基期值 100 增至 2020 年的 339.9，年均增速达到 13%。从地区评价来看，2020 年，广东、江苏、北京、上海、浙江和山东知识产权综合发展指数得分排在前六位，其中广东、江苏和北京均超过 80 分，其反映出我国以及广东省在强化知识产权保护与优化营商环境方面取得的成效。同时，广东省作为改革开放的前沿，知识产权作为中国和新加坡关于知识城合作的重点领域，提高知识产权培育和保护水平对广东省的发展至关重要。

1. 提升知识产权创造能力

其一，支持高等学校、科研院所建立健全知识产权转移转化机构。《中新广州知识城“十四五”发展规划（2021—2025 年）》提出“加快建设省知识产权服务业集聚中心，引导各类知识产权服务机构向知识城集聚。培育一批科技服务机构和龙头企业，支持北京大学粤港澳大湾区知识产权研究院等机构建设。鼓励研发机构、高校、各类组织和个人设立科技中介服务机构”。

知识城已引进中国社会科学院大学、西安电子科技大学、广东外语外贸大学、广州大学等高水平院校。高等学校、科研院所是推动创新创造的主力军，推进高等学校、科研院所知识产权转移转化对促进创新链、产业链、资金链、政策链深度融合具有重要意义。高等学校、科研院所创新要素聚集、创新成果富集、创新人才密集，是知识城实现创新驱动发展的重要骨干力量，是知识产权供给侧结构性改革的基础和关键。随着创新驱动发展战略的强力推进，知识城高等学校、科研院所知识产权转移转化工作取得了一些成效，如在产学研用结合机制、创新资源要素配置机制、知识产权转化激励机制和中介服务机制等方面取得重大进展。

其二，探索与企业联合建立高价值专利创造中心。广东省人民政府《关于印发中新广州知识城总体发展规划（2020—2035 年）实施方案的通知》（粤府函〔2021〕308 号）提出，探索推动高等院校、科研院所与企业联合在知识城建立高价值专利培育布局运营中心。2023 年 11 月 21 日印发的《广州开发区 广州市黄埔区深化知识产权运用和保护综合改革试验促进高质量发展办法》（穗埔府规〔2023〕5 号）第 3 条规定，鼓励企事业单位独立或联合建设高价值专利培育布局中心，开展高价值专利培育和实施工作，实施《创新管理—知识产权管理指南（ISO56005）》标准，促进产业高质量发展。高价值专利培育布局中心建设期为2年，经区知识产权主管部门综合评定，每年评定不超过20家。区知识产权主管部门每年对建设期内的高价值专利培育布局中心进行考核，通过年度考核的，每家培育布局中心给予扶持50万元。与企业联合建立的高价值专利创造中心，打造为专利创造高地和重大技术研发基地。

建立高价值专利创造中心的目标主要包括健全知识产权管理体系、实施“卡脖子”技术专利突破工程、引导专利技术前瞻性布局、建立订单式技术研发体系、加强专利信息分析利用、推进专利与技术标准有效融合、实现知识产权高效益转化运用等。知识城高价值专利创造中心要在相关技术领域具备较强的研发实力，技术研发水平处于国内领先地位。在知识产权产业化、品牌化、标准化，以及产业运营等方面鼓励先行先试，对运行效果良好的高价值专利创造中心在推荐国家级或省级知识产权专项、企业科技创新项目、人才培养项目等方面予以重点支持。

其三，推动在知识城开通专利优先审查、集成电路布图设计登记等知识产权申请绿色通道。一方面，推动开通专利优先审查绿色通道。为了促进产业结构优化升级，推进国家知识产权战略实施和知识产权强国建设，服务创新驱动发展，完善专利审查程序，国家知识产权局出台了《专利优先审查管理办法》。实质审查阶段的发明专利申请、实用新型和外观设计专利申请，发明、实用新型和外观设计专利申请的复审以及专利权无效宣告案件，均可适用优先审查。专利优先审查范围涵盖了国家重点发展产业，各省级和设区的市级人民政府重点鼓励的产业，互联网、大数据、云计算等领域且技术或者产品更新速度快等6种情形。广东省人民政府《关于印发中新广州知识城总体发展规划（2020—2035年）实施方案的通知》（粤府函〔2021〕308号）提出，推动在知识城开通专利优先审查绿色通道。另一方面，推动开通集成电路布图设计登记绿色通道。集成电路产业是信息技术产业的核心，是支撑经济社会发展和保障国家安全的战略性、基础性和先导性产业。2001年，我国公布并实施了《集成电路布图设计保护条例》《集成电路布图设计保护条例实施细则》，国家知识产权局先后于2001年、2019年公布了《集成电路布图设计行政执法办法》《集成电路布图设计审查与执法指南（试行）》，最高人民法院出台《关于开展涉及集成电路布图设计案件审判工作的通知》等文件。国家知识产权局副局长胡文辉在国务院新闻办公室于2022年7月12日举行的新闻发布会上介绍了2022年上半年知识产权相关工作统计数据。其中，2022年上半年，我国集成电路布图设计登记申请7661件，发证5233件。截至2022年6月底，我国集成电路布图设计登记申请累计7.4万件，发证5.7万件。中国半导体行业协会知识产权工作部和上海硅知识产权交易中心联合编写的《中国集成电路产业知识产权年度报告（2020版）》显示，国内布图设计权主要集中于广东、江苏、上海、浙江、北京和安徽等地，2018年至2020年排名前三位的始终是广东、江苏和上海，这三个地区每年的布图设计权累计数量均占全国数量的一半以上，其中2020年约占全国数量的2/3。

2. 知识产权服务机构的引入和市场化运营

其一，支持知识城引入新加坡及我国香港地区、我国澳门地区的知识产权服务机构。一方面，支持知识城引入新加坡知识产权服务机构。知识产权运营，是指以实现知识产权经济价值为直接目的、促进知识产权流通和利用的商业活动行为，具体模式包括知识产权的许可、转让、融资、产业化、作价入股、专利池集成运作、专利标准化等，涵盖知识产权价值评估、交易经纪以及基于特定专利运用目标的专利分析服务。知识产权运营能有效促进知识产权成果转移转化，提升企业知识产权创造、运用、保护、管理和服务水平，推动产业从全领域、全链条中低端向高端转型升级。知识产权运营机构是推动知识产权运营的关键力量。2023 年 6 月 26 日，《“中新国际知识产权培训基地”合作共建协议》在粤新合作理事会第十三次会议、中国（广东）—新加坡经贸合作交流会成功签约。知识城管委会、新加坡知识产权局国际事务机构和中新国际知识产权创新服务中心联手打造“中新国际知识产权培训基地”。基地由中新国际知识产权创新服务中心负责运营，旨在引入国际一流师资及课程，实施国际知识产权人才专项培养计划，助力提升涉外知识产权专业能力。知识城被称为“新加坡企业来华投资首选地”，集聚凯德集团、新加坡能源集团、星展银行、恩士迅等新加坡企业，深度链接南洋理工大学、新加坡国立大学、新加坡科技研究局 3 家研究机构的创新资源，吸引进驻新果科技、来恩生物、管辅科技等 87 家新资企业。另一方面，支持知识城引入我国香港地区、澳门地区知识产权服务机构。2023 年，广东省市场监督管理局与澳门特别行政区政府经济及科技发展局在粤澳合作联席会议上共同签署《粤澳知识产权合作协议（2023—2025 年）》，标志着粤澳乃至粤港澳大湾区知识产权合作迈入更高层次更高水平。此外，知识城倾力打造粤港澳大湾区知识产权青创中心，该中心拟以知识产权科创产业为主导产业，构建知识产权服务生态圈的创新创业载体，打造智慧垂直社区、一站式办公空间，通过管家式的办公服务、对口资源和市场渠道对接、社群活动和圈层交流运营等形式，形成创业氛围浓厚、青年创新力量集聚、产业配套完善的众创联合办公社区，强调空间开放和人才关怀交流，推动知识产权、科创产业创新，促进高端人才集聚发展。

其二，规范发展知识产权交易中心。知识产权是衡量一个国家和地区创新能力的重要指标，知识产权交易是盘活创新资源、提升创新效益的有效途径。广东省人民政府《关于印发中新广州知识城总体发展规划（2020—2035 年）实施方案的通知》（粤府函〔2021〕308 号）提出，支持广州知识产权交易中心申请升级为国家知识产权交易中心。广州市出台了广州市《关于推进共建粤港澳大湾区国际金融枢纽实施意见》和广州市《关于推进共建粤港澳大湾区国际金融枢纽三年行动计划（2021—2023 年）》，提出要支持位于黄埔区、广州开发区的知识城建设，研究设立人寿保险公司，增强保险机构服务实体经济和创新发展的能力。支持开展粤港澳知识产权保险、交易、贸易活动，加快建设广州知识产权交易中心。

2020 年 2 月 13 日，广州知识产权中心整体搬迁至广州开发区科学城总部经济区 A6 栋 14 楼办公。2020 年 11 月 13 日，广州知识产权中心携两大重点项目，与新加坡国际知识产权交易所、知识城管委会签订共建国际知识产权交易平台战略合作协议，与建设银行广州分行签订 50 亿元知识产权金融创新战略合作协议。

其三，建设国际知识产权运营中心。广东省人民政府《关于印发中新广州知识城总体发展规划（2020—2035 年）实施方案的通知》（粤府函〔2021〕308 号）提出，依托国家知识产权局专利局专利审查协作广东中心，推动在知识城开通专利优先审查绿色通道。探索推动高等院校、科研院所与企业联合在知识城建立高价值专利培育布局运营中心。

知识城建立了中新广州知识城国际知识产权服务大厅，它是广州市乃至粤港澳大湾区唯一的国际知识产权公共服务平台，由广州开发区知识城国际知识产权促进会运营管理，旨在推动国内外各类知识产权要素和资源加速集聚整合，打通国内外创新主体寻找知识产权多元化专业服务的“最后一公里”，构建具有国际影响力的知识产权国际交流平台。自 2022 年开业运营以来，服务大厅聚焦高水平科技创新发展需求，有效整合服务资源，以国际知识产权服务赋能创新主体高质量发展，成效明显。服务大厅依托区域创新资源要素集聚优势，吸引汇聚 30 家海内外优质知识产权服务机构入驻，构建国际 IP“强磁场”，国际知识产权保护和服务能力获得极大提升。其中，有来自包括美国、英国、德国、日本、韩国、澳大利亚、新加坡、马来西亚及泰国等国的 12 家国际知识产权服务机构，基本涵盖中国主要贸易伙伴即欧洲、东盟、“一带一路”沿线国家的知识产权服务，进一步扩大知识产权服务领域开放。

其四，加速知识产权市场化运营。党的十九大报告指出：“经济体制改革必须以完善产权制度和要素市场化配置为重点，实现产权有效激励、要素自由流动、价格反应灵活、竞争公平有序、企业优胜劣汰。”知识产权市场化运营是实现知识产权经济价值的主要途径。知识产权市场化运营，是指通过知识产权权利转移、许可、质押融资、入股等方式，用市场化手段来实现知识产权的价值。知识产权市场化运营作为科技成果转化的重要内容，在2015年修正的《促进科技成果转化法》中明确规定了科技成果转化的五种方式，其中就包括了转让、许可、作价投资、自行实施、合作实施等主要知识产权运营模式。2023年，第十六期中新创新与知识产权国际交流日“市场化知识产权运营”在知识城成功举办。

3. 知识产权价值评估制度

2020年11月30日，中共中央政治局就加强我国知识产权保护工作举行第二十五次集体学习。在此次集体学习时，习近平总书记强调：“要健全知识产权评估体系，改进知识产权归属制度，研究制定防止知识产权滥用相关制度。”知识产权价值评估通过科学的评估方法衡量和确定知识产权的真正价值，为各类知识产权活动提供量化的依据，这对于企业、科研机构乃至国家经济的可持续性发展具有重要的作用。知识产权评估旨在提供有关知识产权的定量和定性信息，帮助企业和组织作出明智的商业决策。它涉及对知识产权资产的权利、法律保护、市场需求和经济效益的分析和评估。知识产权评估的意义在于帮助企业充分认识其拥有的知识产权的价值和潜在风险。它不仅可以用于确定知识产权的市场价格、转让和许可费用，还可以用于评估知识产权在商业运营和竞争中的作用。通过评估，企业可以更好地保护和管理自己的知识产权资产，制定战略决策，促进创新和知识产权的有效利用，增强竞争优势。知识城创新和完善知识产权价值评估制度，满足了新形势下知识产权商业化的新特点及知识产权价值评估的新需求。建立知识产权价值评估制度，主要需要做好以下两点工作：

其一，引导行业组织制定知识产权评估标准。知识城引导行业组织制定知识产权评估标准，有助于推动知识产权交易的顺利进行，盘活知识产权资产、优化资源配置。目前的无形资产评估报告很难满足多种多样、不同阶段、不同交易形式的定价需求，知识产权价值评估行业确实需要针对不同类型知识产权的特点，采用不同的评估方法和数据以及更加严格的规范和标准，以不断提升知识产权价值评估的权威性和公信力。

其二，培育具有公信力和市场认可度的知识产权评估机构。当前，具有较高公信力和市场认可度的专业化知识产权评估机构发展还不充分，尚未成功培育出具有全国重要影响力的专业化知识产权评估头部机构。广东省知识产权保护中心估值中心于2018年12月正式挂牌，旨在推进保护中心与知识产权服务机构的高效对接，目前尚处于建设发展过程中，行业认可度有待进一步提升。此外，目前正在推进在广东省内成立具有独立法人资格的专业化知识产权估值公司，广东省知识产权价值评价促进会正在建设发展当中。

第十四条【知识产权融资】

【原文】知识城优化知识产权融资服务体系，采取资金资助、政策引导等措施，推动知识产权质押融资、知识产权证券化，发展多层次资本市场，拓宽直接融资渠道，培育知识产权金融服务市场。

【理解与适用】本条是关于知识城支持知识产权创造与运用，完善知识产权融资服务的规定。

知识产权融资是一种相对新型的融资方式，是指企业以合法拥有的专利权、商标权等知识产权的财产权经评估作为质押物从银行获得贷款的一种融资方式，旨在帮助科技型中小企业解决因缺少不动产担保而带来的资金紧张难题。知识产权融资是实现“知本”变“资本”，促进知识产权资本化、产业化的重要推动力，不仅为我国中小企业提供了一个有效的融资路径，也在拓宽企业融资渠道、缓解企业发展的资金压力等方面起到了不可忽视的作用。

国家知识产权局调查数据显示，在“十三五”期间，我国专利运营（包括专利转让、许可、质押等）总数和融资金额与“十二五”期间相比有较大幅度的提升。知识产权融资较好的发展势头和旺盛的市场需求，引起了政府的高度重视。国家知识产权局局长申长雨在2021年全国知识产权局局长会议上强调：“要推进知识产权金融服务健康发展。各地要坚持市场化导向，推进知识产权运营，深入开展知识产权质押融资‘入园惠企’等工作。”2021年10月9日，国务院《关于印发“十四五”国家知识产权保护和运用规划的通知》公布，再次明确指出，要积极稳妥发展知识产权金融，推动银行业金融机构在风险可控的前提下扩大知识产权质押贷款规模。知识城加快推进知识产权融资试点创新，鼓励金融机构拓展知识产权金融业务如专利权质押、发明专利授权险，推进金融科技与知识产权质押融资对接常态化。目前，知识城正不断优化知识产权融资服务体系。

1. 采取资金资助、政策引导等措施

2023 年 11 月 21 日公布的《广州开发区 广州市黄埔区深化知识产权运用和保护综合改革试验促进高质量发展办法》第 11 条规定，鼓励企业以其依法拥有的知识产权从银行或类金融机构获得质押融资，用于生产经营或技术研发。对获得该笔资金所发生的符合金融监管部门规定的担保费，按实际发生费用的 50%，最高 10 万元给予扶持。企业还本付息后，按实际融资利息的 50% 给予扶持，每笔实际扶持期限最长 1 年，每家企业每年可申请 1 笔扶持，最高 100 万元。本条款对已享受市级部门知识产权质押融资扶持政策的业务，不重复扶持。2023 年 1 月 18 日，《广州市知识产权工作专项资金管理办法》公布，第 20 条规定："支持知识产权金融，以后补助方式进行扶持：（一）企事业单位知识产权质押融资。对企事业单位知识产权质押融资活动所产生的利息、评估费用等进行扶持，按不超过所质押的专利、商标、地理标志、集成电路布图设计等知识产权实际贷款额 2% 的标准给予扶持，同一单位最高不超过 80 万元……"

2. 推动知识产权质押融资、知识产权证券化

深化知识产权证券化试点，推动试行将证券化产品中的知识

产权许可在税收管理中视为融资行为。知识产权证券化是知识产权与金融创新的有效结合，为科技型中小企业融资提供了新渠道。广东省人民政府《〈中新广州知识城总体发展规划（2020—2035 年）〉实施方案》提出，鼓励境外企业在知识城开展知识产权质押融资。2015 年 3 月，中共中央、国务院印发《关于深化体制机制改革加快实施创新驱动发展战略的若干意见》，提出要推动修订相关法律法规，探索开展知识产权证券化业务。为了达到中共中央、国务院的相关文件要求，国家知识产权局、财政部办公厅、科学技术部、教育部、国家发展改革委等国务院组成部门也都陆续出台了相关部门规章，促进知识产权证券化业务的开展。2017 年中华全国律师协会发布的《知识产权尽职调查操作指引》和 2018 年 8 月最高人民法院《关于为海南全面深化改革开放提供司法服务和保障的意见》对知识产权证券化的相关规定也为业务的推广创造了很好的环境条件。知识城可出台专门的激励政策，扩大知识产权证券化的社会影响和实施规模；激发金融机构积极性，扩大知识产权证券化的运营主体队伍；扶持重点知识产权运营服务机构，丰富知识产权底层资产池的构建；组织相关培训，提高社会和专业人员对知识产权证券化的认知。

3. 发展多层次资本市场，拓宽直接融资渠道，培育知识产权金融服务市场

2003 年，党的十六届三中全会通过的中共中央《关于完善社会主义市场经济体制若干问题的决定》首次提出“建立多层次资本市场体系”；2013 年，党的十八届三中全会通过的中共中央《关于全面深化改革若干重大问题的决定》中提出“健全多

层次资本市场体系”。从市场体系的角度来看，多层次资本市场包括多层次股权市场、债券市场和期货及衍生品市场。

知识城大力发展利用多层次资本市场，引导和推动更多知识城企业根据企业发展需求和特点，在不同层次资本市场挂牌知识产权融资，有效拓宽企业直接知识产权融资渠道，更好地汇聚知识产权金融资源，支持企业发展壮大。知识城将培育知识产权金融服务市场，拓宽企业直接融资渠道。积极促进资本要素与知识产权的有效融合，推动强化金融支持知识产权转化实施导向。引导金融机构通过知识产权质押、担保等方式，为企业创新发展提供融资支持。深入开展知识产权质押融资，不断深化银企对接机制，探索多样化的知识产权投融资模式，完善知识产权质押融资风险补偿机制。探索建立知识产权质押融资白名单双向推送机制，帮助银行业金融机构精准对接优质企业，降低贷款风险。引导金融机构简化质押贷款流程，推进知识产权质押融资提质增效。引导金融机构推动知识产权保险创新，丰富知识产权保险险种，引导企业运用保险手段。知识城可从多个维度培育知识产权金融服务市场。

第十五条【知识产权保护】

【原文】知识城实行严格的知识产权保护标准，建立健全涵盖审查授权、行政执法、司法保护、仲裁调解、行业自律等环节的保护工作体系，综合运用法律、行政、经济、技术、社会治理等手段加强知识产权保护，促进保护能力和水平的提升。

支持中国（广东）知识产权保护中心等知识产权服务机构

发挥作用，为重点产业知识产权快速审查、快速维权、协同保护等提供服务支撑。

在知识城设立知识产权公证机构，对接建立粤港澳大湾区知识产权调解平台，完善知识产权纠纷多元化解决机制。

【理解与适用】 本条是关于知识城知识产权保护的规定。

2016 年 5 月，中共中央、国务院印发《国家创新驱动发展战略纲要》，明确我国到 2050 年要建成世界科技创新强国的战略目标。目前，国务院正在加紧制定《知识产权强国战略纲要》，作为 2008 年《国家知识产权战略纲要》的 2.0 版本，其将成为未来 15 年至 20 年内指引中国知识产权事业发展的纲领性文件，成为具有历史转折性的改革路线图、时间表。党的十八大以来，党中央把知识产权保护工作摆在突出位置。2019 年 11 月，中共中央办公厅、国务院办公厅印发《关于强化知识产权保护的意见》，明确加强知识产权保护，是完善产权保护制度最重要的内容，也是提高我国经济竞争力的重大激励，更提出了“健全行政确权、公证存证、仲裁、调解、行政执法、司法保护之间的衔接机制，加强信息沟通和共享，形成各渠道有机衔接、优势互补的运行机制，切实提高维权效率”“在优势产业集聚区布局建设一批知识产权保护中心，建立案件快速受理和科学分流机制，提供快速审查、快速确权、快速维权‘一站式’纠纷解决方案。加快重点技术领域专利、商标、植物新品种审查授权、确权和维权程序。推广利用调解方式快速解决纠纷，高效对接行政执法、司法保护、仲裁等保护渠道和环节”的要求。当前，中国正处在全面深化改革开放、深入实施创新驱动发展战略、加快经济发展方式转变的关键时期，这在客观上需要良好的知识产权保护环境。在广东省提出要从知识产权大省向知识产权强省迈进的时代背景下，有必要以知识城作为试点就知识产权的综合保护以及多元纠纷解决机制探索新的道路。

1. 构建知识产权保护体系

建设支撑国内国际一流营商环境的知识产权保护体系，是广东省建设知识产权强省的重点工作，知识产权保护机构建设工程也是《“十四五”国家知识产权保护和运用规划》部署的重点工程。党的十八大以来，我们十分重视知识产权保护工作，习近平总书记在中央政治局第二十五次集体学习时强调：“党的十八大以来，我多次强调，要建立高效的知识产权综合管理体制，打通知识产权创造、运用、保护、管理、服务全链条，推动形成权界清晰、分工合理、责权一致、运转高效的体制机制；要实行严格的知识产权保护制度，提高知识产权审查质量和审查效率，坚决依法惩处侵犯合法权益特别是侵犯知识产权行为，引入惩罚性赔偿制度，显著提高侵权代价和违法成本，震慑违法侵权行为，等等。”《知识城总体发展规划》也就此提出了“构建科学合理的知识产权保护体系。实行严格的知识产权保护标准，统筹推进知识产权保护，从审查授权、行政执法、司法保护、仲裁调解、行业自律等环节，改革完善保护工作体系，综合运用法律、行政、经济、技术、社会治理手段强化保护，促进保护能力和水平整体提升”的要求。

因而，积极推进知识产权保护体系工程建设，坚持统筹制度建设和治理能力建设，推动行政保护和司法保护的协调衔接，兼顾传统领域和新领域新业态的知识产权保护，构建民事、行政、司法相互配合的知识产权大保护工作格局，将有效激发知识城的创新活力，助力高质量发展。

2. 发挥知识产权服务机构的作用

2021 年 12 月，国家知识产权局发布了《2021 年全国知识产权服务业统计调查报告》。报告显示，近年来，我国知识产权服务业稳步健康发展，为提升知识产权创造、运用和保护能力提供了服务保障，其推进创新创业、支撑区域产业经济发展的作用不断凸显。从区域分布看，超 60% 知识产权服务机构分布在京津冀地区、长三角地区、粤港澳大湾区、成渝地区等区域，有效推动区域经济稳步发展。全国 1.9 万家成立时间在 1 年或 2 年的知识产权服务机构中，粤港澳大湾区开展涉外业务的知识产权服务机构超过 2000 家，凸显区域内对知识产权服务的强烈需求。在技术创新推动知识产权服务业行业结构发生变化的背景下，《知识城总体发展规划》也提出“充分发挥中国（广东）知识产权保护中心和国家版权保护中心广州版权产业服务中心作用，为新一代信息技术、生物医药等重点产业快速审查、快速维权、协同保护等方面提供强有力的服务支撑”的建设目标。因而，充分发挥知识产权信息服务、运营服务、综合性服务机构的专业强项，将有利于激发知识城范围内企业知识产权服务业强劲的创业活力。

3. 探索知识产权纠纷多元化解决机制

随着云计算、物联网等新技术、新模式的出现和发展，技术的进步和创新对传统工业行业的渗透性逐渐增强，随之带来的是技术竞争和知识产权竞争日趋激烈，而竞争不可避免地会造成企业间在知识产权领域的冲突愈加尖锐，纠纷数量明显上升。协调处理各类知识产权纠纷，改善知识产权保护综合环境，正在成为知识产权工作的重要内容之一。如何应对瞬息万变的技术创新和纷繁复杂的知识产权纠纷，建立公正高效权威的知识产权纠纷解决机制，是现阶段的关键。《知识城总体发展规划》提出“完善知识产权纠纷多元化解决机制。加强仲裁机构、调解组织建设，依托中国（广东）知识产权保护中心建立专业性调解组织并促进香港律政司及香港的相关调解机构与内地有关方面就利用调解解决境内及跨境知识产权争议、相关调解员的培训及认可、制定相关调解程序、调解员守则及名册，以及相互执行经调解所产生的跨境和解协议等方面的合作。合作的具体落实应对接粤港澳三地法律部门早前同意设立的大湾区调解平台”。因此，本条提出在知识城设立知识产权公证机构，对接建立粤港澳大湾区知识产权调解平台，将有利于广东省探索建立以“行政执法、司法审判、多元调解、商事仲裁、法律服务、社会监督、行业自律”为主要内容的“七位一体”知识产权大保护机制，也是将知识城打造成大湾区知识高地、加强知识产权保护的重要基础和核心内容。

为贯彻落实“把非诉讼纠纷解决机制挺在前面”的理念，推动更多法治力量向前端发力，完善知识产权纠纷化解的多渠道，知识城不断强化知识产权创造、运用、保护、管理全流程管理机制，逐步推进营商环境、创新环境的区域优化，确保知识城知识产权发展与“十四五”发展大局同频共振、深度融合。知识城将多元化纠纷解决机制作为知识产权全链条保护的重要抓手，强调以行业调解、专业调解来缓解法院办案压力，形成“社会调解在先，法院诉讼在后”的线上知识产权多元纠纷化解新格局。

第十六条【知识产权产业化】

【原文】知识城建立知识产权代理、咨询、商用化、交易、融资、鉴定、法律和培训等全链条知识产权服务产业体系，促进知识产权服务业高端化与多元化发展。

支持外国专利代理机构按照国家规定在知识城设立常驻代表机构开展业务。

按照国家规定取得专利代理师资格的外国人，可以在知识城设立的专利代理机构执业。符合规定条件的外国执业人员可以加入成为知识城专利代理机构的合伙人或者股东。

支持知识城与新加坡共同培养知识产权领域的国际化专业人才，提升知识产权服务业对外开放水平。

建立粤港澳大湾区知识产权信息公共服务平台，促进知识产权信息交换共享。

【理解与适用】本条是关于发展知识城知识产权产业化的规定。

当前，改革开放步伐不断加大，知识产权国际合作能级跃升，知识产权服务推进创新创业、支撑区域产业经济发展的作用不断凸显。要持续加强知识产权专业化人才队伍建设，全力构建人才新优势，同时提升知识产权运用水平，打造知识产权创新高地，推动知识产权服务业稳步健康发展，为提升知识产权创造、保护和运用能力提供服务保障。

1. 探索建立全链条知识产权服务产业体系

2021 年 11 月 19 日，国家知识产权局召开党组理论学习中心组学习党的十九届六中全会精神扩大会暨学习宣传贯彻全会精神动员部署会。会议强调，要深入学习领会习近平总书记在全会上的重要讲话精神，提出知识产权保护与发展的具体措施，为我国现代产业体系建设提供了新启示。随着知识产权保护的产业需求发生变化，知识产权服务机构已从过去单纯的创造环节的代理服务，扩展到代理、数据、咨询、商业化、交易、融资、鉴定、法律、培训、评估、维权服务等多个细分领域。中共中央、国务院印发的《知识产权强国建设纲要（2021—2035 年）》强调打造知识产权创造、运用、保护、管理、服务全链条。

2022 年 4 月 25 日，中新广州知识城国际知识产权服务大厅正式揭牌对外开放。在广州开发区知识产权局大力支持下，广州开发区知识城国际知识产权促进会被认定为服务大厅的运营单位。自开办以来，服务大厅按照“政府引导、公益服务、多方参与”的合作理念，为区域企业提供全链条、全方位、立体式的知识产权综合服务，努力打造一站式、个性化的国际知识产权公共服务平台。知识城将夯实服务基础，以企业需求为核心，为企业提供个性化、精准对接的知识产权服务，切实解决企业在海内外知识产权创造、保护、运用与管理上可能遇到的问题与困难，用好已入驻的多家国内外优质机构资源优势，提供知识产权一站式、全链条服务，促进知识产权服务业高端化与多元化发展。

知识城建立起知识产权全链条的服务环节，既要能够针对创造、运用、保护、管理业务中的不同场景和需求，也要能够针对企业因不同行业、不同规模、不同发展阶段形成的在管理、技术、市场竞争规律等方面的不同特点，提供不同层次、不同类型、不同形式的服务，并应当在将知识产权服务拓宽至与知识产权相关的领域，如专利代理、商标代理、法律、信息技术、融资服务等多个方面的同时，向资产评估、技术转移、企业管理、经济学等众多相关领域拓展，形成针对企业生产经营的各种场景的、具有针对性的全链条、全流程服务能力。如此，有利于实现以科技创新需求为导向的知识产权代理、法律、信息、咨询、培训等服务的综合发展，以期提升知识产权分析评议、运营实施、交易评估、保护维权、投融资等服务水平，构建全链条的知识产权服务体系。

2. 支持外国专利代理机构按照国家规定在知识城设立常驻代表机构开展业务

外国专利代理机构常驻代表机构，是指外国专利代理机构依法在中国境内设立的从事与该外国专利代理机构业务有关专利服务活动的办事机构。国家知识产权局《关于印发〈外国专利代理机构在华设立常驻代表机构管理办法〉的通知》（国知发运字〔2022〕1号）提出，规范外国专利代理机构在华常驻代表机构的设立及其业务活动，保障外国专利代理机构在华常驻代表机构及其代表的合法权益，优化营商环境，促进专利代理行业高质量发展。《〈中新广州知识城总体发展规划（2020—2035年）〉实施方案》提出鼓励外国专利代理机构在知识城设立常驻代表机构。

广州开发区自2021年成为全省首个专利代理领域对外开放试点地以来，持续推进落实外国专利代理机构在华设立常驻代表机构试点工作。建设国际知识产权公共服务平台——中新广州知识城国际知识产权服务大厅，吸引多家优质国际知识产权服务机构入驻。截至2023年，法国诺华技术股份有限公司、法国利维知识产权公司、德国博格专利事务所和马来西亚宾大斯专利事务所共4所外国专利代理机构已获国家知识产权局批复同意在中国境内设立常驻代表机构，落户广州开发区，帮助广州开发区打通了国内创新主体直接在本土委托开展欧洲和东南亚知识产权相关事务的大门，进一步提升广州开发区知识产权服务水平。服务大厅已吸引法国、德国、美国、新加坡、马来西亚、泰国、日本、韩国、澳大利亚等国家的知识产权服务机构以及国内优质机构入驻，扩大了国际知识产权合作网络规模，累计合作举办超10场公益性国际知识产权系列专题培训，开展一对一“企业帮扶”活动30余次。先后举办亚洲知识产权营商论坛分论坛、国际商标协会（International Trademark Association，INTA）年会广州预热招待会、区域全面经济伙伴关系协定（Regional Comprehensive Economic Partnership，RCEP）框架下知识产权专题研讨会等国际交流活动，组织企事业单位赴新加坡等地调研学习，知识产权服务对外开放水平持续提升。

3. 依法取得专利代理师资格的外国人可在知识城设立的专利代理机构执业

2020年，国务院同意全面深化服务贸易创新发展试点，并印发了《全面深化服务贸易创新发展试点总体方案》。该方案的附件提出，在知识产权服务业集聚区等具备条件的试点地区试点，允许取得中国政府颁发的外国人永久居留证且具有其他国家专利代理资格的外国人参加专利代理师资格考试，成绩合格者，发给专利代理师资格证。取得专利代理师资格证的前述人员可以在试点地区已经设立的专利代理机构中执业，符合规定条件的可以加入成为在试点地区已经批准设立的专利代理机构的合伙人或股东。国务院《关于同意在全面深化服务贸易创新发展试点地区暂时调整实施有关行政法规和国务院文件规定的批复》（国函〔2021〕94 号）提出，允许取得中国政府颁发的外国人永久居留证且具有其他国家专利代理资格的外国人，参加专利代理师资格考试，成绩合格者由国务院专利行政部门颁发专利代理师资格证。《〈中新广州知识城总体发展规划（2020—2035 年）〉实施方案》提出，支持具有新加坡执业资格的知识产权领域专业人才在知识城开展专业服务。《广州开发区 广州市黄埔区深化知识产权运用和保护综合改革试验促进高质量发展办法》提出，加强专利代理对外开放试点工作，对符合我国专利代理师报考资格的外国人，开展我国专利代理师资格考试培训并指导其完成考试的知识产权服务机构，按 5 万元每人给予扶持，每个机构每年最高扶持 50 万元。

2022 年，法国利维知识产权公司、法国诺华技术股份有限公司分别设立广州代表处，是全国首批外国专利代理机构在华设立的常驻代表机构。首批外国专利代理机构广州代表处及其代表可以依法从事以下业务活动：向当事人提供该外国专利代理机构已获准从事专利代理业务国家或者地区的专利事务咨询；接受当事人或者中国专利代理机构的委托，办理在该外国专利代理机构已获准从事专利代理业务国家或者地区的专利事务；接受当事人或者中国专利代理机构的委托，为我国企业海外投资、海外预警、海外维权等活动提供专业化咨询服务；代表外国当事人，委托中国专利代理机构办理中国专利事务。代表机构及其代表应当依法开展业务活动，不得从事代理专利申请和宣告专利权无效等中国专利事务以及中国法律事务。

4. 支持引入和培养知识产权专门人才和机构

人才是知识产权强国建设的重要资源，是知识产权强国建设的智力支持和基础保障。人才培育，尤其是知识产权人才培育，对于整个知识产权行业的发展，无疑起着至关重要的作用。近年来，伴随着我国知识产权事业的不断发展壮大，各类知识产权人才的需求都有所上升。知识产权人才要有国际化的视野，对标国际化的标准。全球化的浪潮不可逆转，新一轮科技革命更是全球化的科技革命。国际化视野是知识产权人才思维的基本格局，国际化标准更是知识产权人才能力的核心标配。培养国际化知识产权人才，离不开与相关国际组织、国际著名知识产权教学科研机构的密切合作，要学习借鉴人类文明的一切优秀成果。深度参与全球知识产权治理，积极响应“一带一路”倡议。知识产权人才不仅要有国际化视野和标准，更要有家国情怀。其要立足于中国大地，总结提炼我国科学技术发展和知识产权制度建设的优秀实践经验，为构建知识产权的人类命运共同体而砥砺前行，向世界贡献中国知识产权的智慧和方案。

2021 年 3 月，《国民经济和社会发展第十四个五年规划和

2035 年远景目标纲要》明确提出，要深入实施科教兴国战略、人才强国战略、创新驱动发展战略，完善国家创新体系，加快建设科技强国。2021 年 9 月 22 日，中共中央、国务院印发的《知识产权强国建设纲要（2021—2035 年)》指出，“营造更加开放、更加积极、更有活力地完善知识产权人才发展环境。完善知识产权人才培养、激励评价、流动配置、发展机制”。习近平总书记在 2021 年 9 月 27 日至 28 日举办的中央人才工作会议上指出：“做好新时代人才工作，必须坚持党管人才，坚持面向世界科技前沿、面向经济主战场、面向国家重大需求、面向人民生命健康，深入实施新时代人才强国战略，全方位培养、引进、用好人才，加快建设世界重要人才中心和创新高地，为 2035 年基本实现社会主义现代化提供人才支撑，为 2050 年全面建成社会主义现代化强国打好人才基础。”2022 年 10 月，党的二十大报告提出：“深入实施人才强国战略。培养造就大批德才兼备的高素质人才，是国家和民族长远发展大计。功以才成，业由才广。坚持党管人才原则，坚持尊重劳动、尊重知识、尊重人才、尊重创造，实施更加积极、更加开放、更加有效的人才政策，引导广大人才爱党报国、敬业奉献、服务人民。完善人才战略布局，坚持各方面人才一起抓，建设规模宏大、结构合理、素质优良的人才队伍。加快建设世界重要人才中心和创新高地，促进人才区域合理布局和协调发展，着力形成人才国际竞争的比较优势。加快建设国家战略人才力量，努力培养造就更多大师、战略科学家、一流科技领军人才和创新团队、青年科技人才、卓越工程师、大国工匠、高技能人才。加强人才国际交流，用好用活各类人才。深化人才发展体制机制改革，真心爱才、悉心育才、倾心引才、精心用才，求贤若渴，不拘一格，把各方面优秀人才集聚到党和人民事业中来。”

当前，我国知识产权国际化人才数量增长快速并已经初具规模，国际化知识产权人才队伍的结构体系已经初步建立，国际化知识产权人才培养主要源于国内高等院校，但仍旧存在国际化知识产权高层次人才供给不足、国际化知识产权复合型人才供给有限、国际化知识产权人才实务能力训练不足和国际化知识产权人才发展机制尚待完善等问题。

知识产权国际化人才的培养是努力建设知识产权强国、提升我国知识产权国际话语权的必然要求，也是服务于我国企业“走出去”、开拓国际市场的迫切需要。所谓知识产权国际化人才，是指具有知识产权专业知识、熟悉知识产权国际规则和国外法律制度、具备从事知识产权国际事务相关技能的专业人才。知识产权国际化人才首先是知识产权专业人才，同时具有法学、管理学、理学或工学等复合型知识背景；知识产权国际化人才具有广阔的知识产权国际视野，熟悉知识产权国际法律制度及其发展趋势；知识产权国际化人才具备从事知识产权国际事务的相关实践技能，除了外语能力、跨文化沟通能力等基本的国际交流能力以外，还包括从事知识产权相关国际实践活动的能力，如国际专利申请与布局、海外维权和诉讼、参与国际知识产权规则的谈判、开展知识产权对外宣传等。长期以来，我国由于对知识产权国际化人才培养的重要性认识不足，在知识产权国际化人才的培养方式、培养内容、培养机制、培养制度上仍存在较大漏洞：知识产权国际化人才的选拔、激励、评价、使用和管理机制尚待建立和完善；知识产权国际化人才的培养还未形成一个健全的、专门的、统一的模式和机制；在有关政策性文件中，并无知识产权国际化人才的单独提法，而是笼统地规定在知识产权高层次人才中；知识产权国际化人才的培养方式单一，在有关部门与高校、企业之间没有形成知识产权人才培养的规范化机制。因而，在全球化进入知识经济的时代，知识产权规则协调活动日益频繁，机遇与挑战并存的知识产权国际形势对知识产权国际化人才培养提出了新的要求。在该背景下，要实施开放的国际化人才引进政策，坚持引资和引技引智并举，知识产权国际化人才的培养和成长是一个长期、渐进的过程，从海外引进高素质的知识产权国际化人才不失为一种路径和方法。本条提出支持境外专利代理机构在知识城开展业务、专利代理人才在知识城执业，既是我国履行加入世界贸易组织时开放法律服务市场承诺的体现，也有利于我国学习境外知识产权运营管理经验，进一步探索符合我国国情的知识产权管理体系。

知识城将与新加坡共同完善对于知识产权高层次、国际化人才的培养的具体实施方案，加强与国际学术研究机构、国际组织、境外高校的联系，将国际化的教育方式、授课内容、师资资源引入学生的公共课程中，培养国际视野和全局站位，探索国际化知识产权人才专业线上线下有机衔接的长效教学机制，强化知识融通能力和实践能力，共建国际化知识产权人才虚拟仿真实训项目，为知识产权强国建设提供人才保障，并进一步提升知识产权服务业对外开放水平。

为帮助企业更好地应对这一挑战，2023 年度中新知识产权国际化人才培育项目特别推出了“掌握未来趋势，引领知识产权新格局”系列主题培训课程，且争取到了带领大家一起走出国门到新加坡实地访学的机会。本次培训将联合新加坡知识产权局以理论结合实践的形式，帮助学员们全面了解和掌握当前人工智能技术在自动化、数据分析、医疗服务、药物开发、交通、公共服务、网络安全、客户体验等众多领域对知识产权产生的影响，以及如何在新时代下进行有效的战略布局。

5. 探索建立粤港澳大湾区知识产权信息公共服务平台

2021 年，习近平总书记发表重要文章《全面加强知识产权保护工作 激发创新活力推动构建新发展格局》，提出“要形成便民利民的知识产权公共服务体系，构建国家知识产权大数据中心和公共服务平台，及时传播知识产权信息，让创新成果更好惠及人民”。随着经济社会发展及创新驱动发展战略实施的不断深入，知识产权与科技研发、产业发展、区域创新的联系日益紧密，知识产权信息缺口问题也日益严峻。知识产权公共信息服务平台作为重要信息渠道，是知识产权公共服务工作体系的重要支撑，也是推动高质量发展、激发创新活力的有力保障。力争打造世界级创新平台和增长极的粤港澳大湾区，是新技术要素、新产业形式、新业态模式的集聚高地，正面临日益增长的知识生产、知识转化和知识应用三大板块的海量知识产权信息服务需求及供给问题。2021 年粤港澳大湾区建设领导小组会议强调，推动粤港澳大湾区建设新的高地，要高标准高质量推进重大合作平台建设。

《粤港澳大湾区发展规划纲要》、国家知识产权局《关于新形势下加快建设知识产权信息公共服务体系的若干意见》等相关文件重点强调了建立粤港澳大湾区知识产权信息交换机制和信息共享平台对于构建大湾区开放型协同创新共同体、打造高水平科技创新载体和国际科技创新中心的重要意义，并提出“到2022年我国要基本建成主干清晰、门类多样、内容丰富的知识产权信息公共服务体系”的建设目标。粤港澳大湾区具备强劲的科研实力、优越的创新环境以及数十年产业发展的成熟经验，在知识产权创造、应用方面具备较强优势，同时政府部门充分重视，推动了知识产权公共信息服务平台的发展。粤港澳大湾区知识产权公共信息服务平台建设的意义是为用户创造价值，促进用户创新，只有了解用户的真实需求才能更有针对性地建设和优化平台。

知识城建立粤港澳大湾区知识产权信息公共服务平台，促进知识产权信息交换共享。知识产权公共信息服务平台供给侧结构性改革最急迫的是优化基础服务，以高质量基础服务作为竞争优势，惠及更多公众。一方面，加强系统建设，在保障网站稳定运行的基础上建立网站地图，重点突出公众迫切需要的服务内容。另一方面，掌握产品研发、项目申请等多情境下的用户需求，增加使用情境设计，加强数据库建设与线上业务建设，扩大资源库数据开放范围，优化资源获取形式，设计业务办理流程，以支持湾区不同用户群体参与湾区创新高地建设。

为更好地服务区域创新，粤港澳大湾区知识产权信息公共服务平台应与粤港澳大湾区优势产业领域内具有较强业务资源的企业、知识产权服务机构、科研院所、图书馆、地方政府部门、代理机构等单位合作，形成新的“放管服”改革工作模式，共同建立面向产业创新的粤港澳大湾区知识产权公共信息服务合作网络。

粤港澳大湾区知识产权信息公共服务平台建设需要积极发挥社会力量的主观能动性，通过合作网络内各成员间资源共享、优势互补、人才交流与业务合作，扩大、细化、深化知识产权公共信息服务的供给。根据不同用户群体需求，深入完善知识获取、知识生产和知识应用环节中的各项服务，如增设知识产权信息分析、场景服务、代理合作、孵化、发布、交易、转让、专利池管理等专业化服务，使知识产权服务与决策融合、与创新匹配、与应用关联，以达成“争取到 2025 年，专利导航项目规划设计、资源保障和成果应用进一步加强”的目标。

加大宣传推广力度让更多公众知晓，才能实现平台真正的服务价值，除了传统的“知识产权宣传”企业培训活动外，还可逐步完善平台网站和“两微一抖”新媒体平台，利用互联网的传播优势，持续进行知识产权信息服务项目介绍，持续进行知识产权知识科普的图、文、视频推送，增强公众知识产权意识，吸引更多公众了解平台服务业务，参与粤港澳大湾区知识产权信息公共服务平台建设和提出服务需求。

第三章　知识密集型产业发展与人才支撑

第十七条【总体要求】

【原文】知识城应当优化产业空间布局，发展知识密集型产业，完善知识密集型产业服务，构建知识密集型产业体系。

知识城应当创新人才管理机制，健全人才服务体系，打造国际人才自由港。

【理解与适用】本条是关于知识城产业发展与人才集聚总体要求的规定。

本条概括了《知识城总体发展规划》第三章“提高科技创新能力”中有关人才管理的内容、第五章“构建知识密集型产业体系”和第七章“建设绿色智慧城市”中有关人才服务的内容。该条明确了知识城的发展目标和方向，主要涵盖两个方面，即产业发展和人才集聚。

本条第 1 款明确知识城未来产业的核心发展方向是构建知识密集型产业体系，知识密集型产业主要包括知识密集型制造业和知识密集型服务业两种类型。知识密集型制造业目前已成为我国国民经济的支柱产业，主要包括计算机、电子通信、生物医药等行业；知识密集型服务业发展迅速，是国民经济重要组成部分，包含文化、教育和咨询等行业。知识密集型产业是高增值产业，具有高产出、高效能等特点，而且可以提高传统产业的生产率，并带动其他行业的稳定发展。为构建知识密集型产业体系，知识城需要做好以下几点工作：

第一，优化产业空间布局。根据《知识城总体发展规划》第五章第三节的要求，在知识城范围内沿开放大道为轴线，以山体湖泊为生态绿色屏障，打造知识创造与科技创新核，构建知识辐射传播轴，实施产业用地“留白”弹性机制，高水平建设知识密集型产业组团，打造“一核一轴四组团”的总体空间布局，发挥示范引领和辐射带动作用，协同周边区域实现高质量发展。“十三五”以来，知识城规模以上工业产值累计超过417.4亿元，集聚企业64家，全球领先生物医药和生物安全集聚区、中国集成电路产业第三极核心区、中国纳米科技创新能力最强产业化高地、中国新能源智能汽车产业高地的基本框架初步成型，累计引进GE龙沙、百济神州、诺诚健华、恒瑞、粤芯、光掩模、小鹏汽车、宝能汽车、中国纳米谷、烯湾科技等重大项目165个，在建项目186个，总投资超过3000亿元，超1000家知识型创新企业入驻。生物医药、集成电路、智能制造、新一代信息技术等重点价值创新园控制性详细规划和城市设计编制完成，开发建设持续提速，助力知识城“一核一轴四组团”总体空间格局加快构建。

第二，发展知识密集型产业。这一要求强调知识城在产业发展方面的定位，即要优先发展依赖知识和创新的高科技产业，以提升产业结构和经济效益。根据《知识城总体发展规划》的要求，知识城重点发展以下产业：（1）生物医药与大健康产业。围绕生物医药、生物医学工程、生物服务、现代健康服务等产业，前瞻布局精准医疗、数字生命等前沿交叉领域。（2）新一代信息技术产业。加快推动新一代移动通信、下一代互联网、云计算、集成电路、物联网、大数据、高性能计算等技术研发和综合应用。（3）新材料新能源产业。以高性能工程塑料、高性能纤维材料、新型显示材料、先进高分子材料等前沿新材料为重点，加大在新材料领域的研发攻关力度，培育具有自主知识产权支撑的新材料产业集群，建设完备的新材料产业体系。（4）科教服务与数字创意产业。创新各类科教服务业态，激活科教服务载体，造就推动知识创造和科技产业发展的新型服务环境。（5）智能制造产业。着力发展智能制造产业链两端环节，努力将知识城建设成为智能装备产业未来发展中心。

第三，完善知识密集型产业服务。知识密集型产业服务，是指为知识的生产、储备、使用和扩散服务的行业，一般包括信息服务、研发服务、法律服务、金融服务、市场服务、技术性服务等。在知识密集型产业发展过程中，不仅需要产业本身的发展，还需要建立相应的服务支撑体系，包括研发、生产、销售等环节，以及科技创新、知识产权保护等方面的服务和支持。知识密集型产业服务体系的完善，需要健全产业孵化育成体系，优化金融支持服务体系，营造有助于知识密集型产业发展的国际一流营商环境。

本条第2款强调了打造知识城“国际人才自由港”的战略定位。具体包括：

第一，创新人才管理机制，健全人才服务体系。这一要求意味着知识城应当探索和建立灵活、高效的人才引进、培养和管理机制，以吸引和留住高层次人才，推动人才创新创业。依据《知识城总体发展规划》第三章第三节，创新人才管理机制，需要积极探索人才自由流动等先行先试政策，将知识城打造为国际人才自由港；健全吸引国际人才体制机制，强化人才政策统筹协调、人才信息资源共享，设立海外人才工作站，实现精准引才高效引智；积极为领军人才申请签证、居留证件、永久居留证件提供便利；探索建立与国际接轨的全球人才招聘制度和吸引外国高技术人才的管理制度，建立住房、子女入学、就医社保服务通道；尊重个人兴趣，倡导学术自由，赋予创新领军人才更大的人财物支配权和技术路线决定权；畅通科研人员在高校院所与企业间的双向流动渠道，破除限制人才自由流动的体制机制障碍；改革完善人才培养、使用、评价机制，善聚善用各类人才。

第二，为了打造国际人才自由港，知识城要具备国际化的人才吸引力，为海内外优秀人才提供自由交流、创新合作的环境，促进国际人才的流动与集聚。《知识城总体发展规划》将“国际人才自由港”作为知识城的战略定位之一，提出把吸引、用好国际创新人才作为重中之重，推动科研评价和奖励制度改革，实施更加积极的人才引进政策，创新完善人才激励机制和人才流动机制，建立与国际接轨的人才环境，构建能够适应和支撑知识城发展的高水平人才体系。目前，知识城的人才工作还面临一些短板，在人才管理体制、培养支持、引进流动、评价激励上还存在着体制机制障碍，人才综合服务水平还有待提升。造成人才紧缺、资源配置低效，影响了人才创新、创造和创业积极性。这些问题阻碍了人才发展，需要不断创新人才管理机制，破除束缚人才发展的制度藩篱，使各方面人才活力迸发、各得其所、尽展其长。依据《知识城总体发展规划》第三章第一节，汇聚全球顶尖人才，需要引进国内外知名大学，培育世界级研发机构，以此为基础建设高水平、国际化的创新型大学；吸引国际学术前沿的一流科学家，重点引进诺贝尔奖获得者、国家最高科学技术奖获得者以及两院院士，培养一批具有成长为两院院士潜力的人才；依托重大研究课题或应用研究项目，组建具有国际影响力、创新成果突出的创新团队；携手港澳强化开放创新，积极参与国际大科学计划和大科学工程，通过打造具有全球人才配置功能的平台载体，吸引各类高层次专门人才和高端复合型人才。

在实际推进知识城建设发展的过程中，相关部门和机构应根据上述总体要求，制定相应的政策、规划和举措，以确保知识城的发展方向和目标得以有效落实。这可能涉及产业政策、人才引进政策、科技创新支持、城市规划等多个领域的具体工作。

第十八条【产业组团】

【原文】知识城应当根据知识城总体发展规划，以山体湖泊为生态绿色屏障，打造知识创造与科技创新核，构建知识辐射传播轴，高水平建设知识密集型产业组团。

知识城应当发挥知识密集型产业示范引领和辐射带动作用，协同周边区域实现高质量发展。

【理解与适用】本条是关于知识城总体空间布局的规定，明确了知识城在产业布局和发展方面的要求，强调知识城在生态、创新和协同发展方面的定位。

《知识城总体发展规划》第五章第三节提出在知识城范围内沿开放大道为轴线，以山体湖泊为生态绿色屏障，打造知识创造与科技创新核，构建知识辐射传播轴，实施产业用地“留白”弹性机制，高水平建设知识密集型产业组团，打造“一核一轴四组团”的总体空间布局，发挥示范引领和辐射带动作用，协同周边区域实现高质量发展。知识城总体空间布局打造的具体要求如下：

第一，以山体湖泊为生态绿色屏障。知识城在产业组团建设过程中，应充分考虑生态环境保护，将山体和湖泊等自然资源作为生态绿色屏障，保护自然环境，确保产业发展与生态平衡相协调。

第二，打造一核，即知识创造与科技创新核。知识城的产业组团应聚焦于知识创造和科技创新，通过集聚创新资源、建设研发基地等手段，形成创新的核心区域，推动知识密集型产业的持续发展。依据《知识城总体发展规划》，知识创造与科技创新核位于知识城中部，重点发展总部经济、科教服务、知识产权、新一代信息技术服务、文化创意、科技和金融服务、商贸新零售、电子商务等知识交易市场体系和现代服务业体系。

第三，打造一轴，即构建知识辐射传播轴。知识城在产业组团布局时，应考虑产业的辐射传播效应，通过合理规划，将知识密集型产业的影响辐射扩散到周边区域，形成产业发展的传播轴。依据《知识城总体发展规划》，知识辐射传播轴是指沿开放大道构建功能高度复合的创新发展轴线，依托轨道站点和重要功能节点，链接“一核四组团”，形成不同特色的创新型产业区域。

第四，打造四组团，即新一代信息技术产业组团、高端装备制造与新能源汽车产业组团、生命科学与生物医药产业组团、新材料新能源及集成电路产业组团四个知识密集型产业组团。知识城在产业组团方面要求高水平建设，即在基础设施、科研设施、人才引进等方面进行有针对性的投资和建设，打造高品质的知识密集型产业集聚区。依据《知识城总体发展规划》，四组团中，南部组团两个，北部组团两个。知识城南部两组团主要承接新一代信息技术、高端装备制造与新能源汽车产业，主要是指凤凰湖以南、花莞高速以东、广河高速以北、平岗河以西区域，着力发展智能制造产业链两端环节，主要包括智能制造零部件研发、智能制造孵化、智能制造系统集成，重点突破高端智能装备制造业及关联的生产性服务业、机器人、新能源汽车等领域。布局建设数字经济园区，发挥知识城产业生态、产权保护、国际合作等有利于发展数字经济的独特优势，大力发展智能制造技术、智慧经济、分享经济、平台经济等新兴产业。知识城北部两组团主要承接生命科学、生物医药、新材料新能源及集成电路产业。主要是指人才大道以北、永九快速以东、知识城北站以南、九佛快速以西区域，围绕精准医学产业，以知识城通用电气生物科技园、百济神州等龙头项目为带动，集聚国内外著名医药研发机构，重点发展肿瘤防治、基因检测、无创筛查、高性能医疗设备的研发制造等，在智慧医疗产业开发、生物信息数据分析关键技术研发和应用等环节取得重大突破。加强新材料新能源技术研发和节能环保、绿色低碳技术的产业应用，建设国家新能源综合利用示范区，聚焦智能芯片研发，打造广州创“芯”智造园。

第五，发挥示范引领和辐射带动作用，协同周边区域发展。知识城的产业组团不仅要实现内部发展，还应发挥示范引领作用，引导周边区域的产业发展，实现协同发展，促进整个区域的高质量发展。

第十九条【产业引进】

【原文】知识城管委会应当按照知识创新、开放合作、产城融合、集约发展、绿色低碳的原则，编制产业发展规划，制定产业指导目录，并向社会公布。

知识城重点发展下列产业：

（一）生物医药与大健康产业；

（二）新一代信息技术产业；

（三）新材料新能源产业；

（四）科教服务与数字创意产业；

（五）智能制造与集成电路产业；

（六）其他知识密集型产业。

知识城管委会应当实行有利于碳达峰、碳中和目标实现的产业政策，建立健全新增产业的禁止和限制目录，严格限制引进废水、废气、重金属或者持久性污染物排放量大的产业项目。

【理解与适用】本条是关于知识城产业引进要求的规定，规定了知识城在产业引进方面的原则、要求、重点发展领域以及环保限制。

第一，编制产业发展规划，制定产业指导目录，并向社会公布。知识城管委会负责按照知识创新、开放合作、产城融合、集约发展和绿色低碳的原则制定产业发展规划，明确产业引进的方向和重点领域。同时，需要制定产业指导目录，将重点发展的产业列入其中，并对社会进行公布，以引导和规范产业引进，确保产业引进有明确的指导方向。

第二，重点发展知识密集型产业。知识城在产业引进方面明确了六个重点发展领域，包括生物医药与大健康、新一代信息技术、新材料新能源、科教服务与数字创意、智能制造与集成电路，以及其他知识密集型产业。这些领域具有较高的科技含量和创新性，有助于推动知识城的产业结构升级、创新驱动发展和高质量发展。依据《知识城总体发展规划》第五章，知识城构建知识密集型产业体系，需要坚持生产生活生态融合，优化产业创新环境，推动知识密集型产业高端化、国际化、数字化、智能化、集约化发展；重点推进生物医药与大健康、新一代信息技术、新材料新能源等产业发展，着力布局科教服务与数字创意、智能制造产业，形成特色鲜明、优势凸显、国内一流、国际领先的产业集群，打造新兴产业策源地。

第三，实行有利于碳达峰、碳中和目标的产业政策。2020年9月22日，中国国家主席习近平在第七十五届联合国大会一般性辩论上发表重要讲话。习近平指出："中国将提高国家自主贡献力度，采取更加有力的政策和措施，二氧化碳排放力争于2030年前达到峰值，努力争取2060年前实现碳中和。"中国碳达峰、碳中和目标的提出，在国内国际社会引发关注。碳达峰指二氧化碳排放量在某一年达到了最大值，之后进入下降阶段；碳中和则指一段时间内，特定组织或整个社会活动产生的二氧化碳，通过植树造林、海洋吸收、工程封存等自然、人为手段被吸收和抵消掉，实现人类活动二氧化碳相对“零排放”。“双碳”目标作为我国未来一段时间的战略目标，对于知识城产业的发展具有深远的影响。《知识城总体发展规划》将以人为本、生态优先作为知识城发展的一项重要原则，并将推广绿色低碳的生产生活方式和城市建设运营模式作为知识城发展的重要路径，同时强调构建环境友好型产城融合格局。知识城管委会在产业引进过程中应考虑碳减排目标，制定符合碳达峰、碳中和目标的产业政策，促进产业的绿色低碳发展，推动可持续发展，为应对气候变化作出贡献。加强对新材料新能源技术的研发，加强节能环保、绿色低碳技术的产业应用，建设国家新能源综合利用示范区，聚焦智能芯片研发，打造广州创“芯”智造园。

第四，建立禁止性和限制性目录。根据《知识城总体发展规划》第七章第二节，知识城构建环境友好型产城融合格局，需要根据气候、风向、地理等客观因素，科学合理布局生产、居住、学校、医疗等项目；建立健全新增产业的禁止和限制目录，严格限制引进废水、废气、重金属或持久性污染物排放量大的工业企业；合理配置、高效利用、有效保护水资源，建设节水型社会；加强知识城绿色园区建设，实现知识城与周边地区的水体、公园、绿色廊道等生态要素一体化保护利用和污染联防联治；依托山水田林资源，大力发展都市农业、生态农业、观光农业，实施乡村振兴战略，打造“美丽乡村”；有效控制和减少温室气体排放，推动绿色低碳发展。为确保产业引进与环境保护的协调发展，知识城管委会应建立健全新增产业的禁止性和限制性目录，明确哪些产业项目不得引进，哪些项目受到一定限制。

第五，严格限制污染物排放量大的产业项目。在产业引进中，知识城应特别关注排放污染物的问题，对废水、废气、重金属或者持久性污染物排放量大的产业项目进行严格限制，以保护环境和居民健康。

第二十条【产业发展】

【原文】支持推动将符合条件的知识城重点产业项目纳入国家重大建设项目储备库，在认定国家企业技术中心等创新平台申报中给予知识城名额倾斜，推动国家级战略性新兴产业发展基金优先在知识城设立子基金。

【理解与适用】本条是关于支持知识城产业发展的规定。

本条规定了支持和推动知识城产业发展的具体措施，旨在提升知识城的产业竞争力和创新能力。根据《2020 年落实有关重大政策措施真抓实干成效明显的地方名单及激励措施》（国办发〔2021〕17 号）第 21 条，2021 年对包括广东省广州市黄埔区在内的若干区县的地方战略性新兴产业集群建设，优先将重点项目纳入国家重大建设项目储备库、给予较大额度和较长期优质信贷支持，在国家认定企业技术中心等创新平台申报中给予名额倾斜，推动国家级战略性新兴产业发展基金优先在上述地方设立子基金。本条在立法上对此予以确认。

本条所述国家重大建设项目储备库，是指经过国家有关部门审核批准，建设规模较大、投资较高、建设周期较长，对国民经济和社会发展有重要影响的建设项目。国家重大建设项目库的建设和管理是国家基础设施建设的重要组成部分。依据国家发展改革委办公厅印发的《国家重大建设项目库运行管理暂行办法》，国家重大建设项目库是由国家发展改革委依托互联网和国家电子政务外网集中统一建设、授权使用的固定资产投资项目管理系统。重大项目库主要用于各地方、各有关部门和中央企业开展重大项目储备、滚动投资计划编制，以及中央预算内投资、地方政府专项债券等项目的申报、审核、监测等工作。知识城管委会可依据《国家重大建设项目库运行管理暂行办法》指导知识城重点产业项目单位在重大项目库互联网系统中注册申请账号，并积极报市级、省级审核单位审核，听取市级、省级审核单位的指导意见。

本条所述国家企业技术中心是由国家发展改革委、科学技术部、财政部、海关总署、国家税务总局五部委联合授予的目前国内规格最高、影响力最大的技术创新平台之一，从创新投入、创新条件、创新绩效三个维度进行评价，对全国具有行业领先技术能力、起到示范作用的多家企业技术中心开展综合评定，鼓励各行业推进技术创新和突破，加强国家创新体系建设。在认定国家企业技术中心等创新平台申报中给予知识城名额倾斜，使获得国家企业技术中心认定的企业获得税收优惠、承担财政科技计划研发任务、获得认定奖励、提升知名度等好处。这有益于被认定企业持续强化企业创新链，吸纳和培育高层次创新人才，升级创新组织，打造国家级创新载体，完善技术创新体系，增强企业发展创新支撑力，加速推进科技成果转化，推动企业高质量发展。

本条所述国家级战略性新兴产业发展基金成立于 2018 年，战略性新兴产业主要发展新一代信息技术、生物技术、新能源、新材料、高端装备、新能源汽车、绿色环保及航空航天、海洋装备等产业。战略性新兴产业代表新一轮科技革命和产业变革的方向，是培育发展新动能、赢得未来竞争新优势的关键领域。知识城产业布局与战略性新兴产业高度契合，具有发展战略性新兴产业的天然优势，应更大力度地在知识城布局前瞻性战略性新兴产业、未来产业。推动国家级战略性新兴产业发展基金优先在知识城设立子基金，将有利于基金的高效、精准利用。国家级战略性新兴产业发展基金中的一部分资金将专门用于支持知识城内相关领域的产业发展，加速知识城新兴产业的壮大和创新。

第二十一条【产业服务】

【原文】知识城应当采取措施建立和完善知识密集型产业服务链，对从事法律、保险、会计、审计、资产评估、信息咨询、合格评定、人才服务的相关组织在知识城开展业务提供便利。

【理解与适用】本条是关于知识城产业服务的规定。

本条强调知识城在产业发展过程中建立和完善知识密集型产业服务链的重要性，特别是为从事法律、保险、会计、审计、资产评估、信息咨询、合格评定、人才服务等领域的相关组织开展业务提供便利。知识密集型产业的发展需要倚靠的核心要素是人才，如何更好地服务人才，保护智力成果、促进智力成果的转化是知识密集型产业需要解决的重要问题。知识密集型产业服务本身是高附加值的行业，也是对市场需求较为敏感的行业，在区域发展初期，如果知识密集型产业的集聚程度不高、服务需求不够旺盛，一般情况下很难吸引知识密集型产业服务的相关组织入驻该区域提供服务，这使得区域发展知识密集型产业所产生的固有服务需求很难得到满足，从而又对知识密集型产业的发展造成一定阻碍。故需要政府出台相应的支持政策为提供知识密集产业服务的相关组织开展业务提供便利，以吸引其在知识城范围内开展活动、提供服务，促进知识密集型产业的发展。因此，本条主要规定了以下两方面的内容：一方面，本条明确建立和完善知识密集型产业服务链。知识城应该采取积极措施，建立完善的产业服务体系，以满足知识密集型产业发展过程中的各种需求，包括法律、金融、咨询等方面的服务。知识密集型服务组织在知识城中开展业务有助于建立完善的产业生态系统，这将助推形成产业集聚效应，吸引更多类似产业的企业和从业人员进驻该地区。另一方面，本条规定要为相关知识密集型服务组织在知识城开展业务提供便利。知识城应该为从事法律、保险、会计、审计、资产评估、信息咨询、合格评定、人才服务等领域的相关组织在知识城内开展业务提供便利条件，包括减少行政手续、提供便捷的注册和审批流程、给予财政补贴扶持等，以吸引这些服务机构进驻知识城，促进产业的融合和发展。

第二十二条【金融服务】

【原文】知识城管委会应当根据国家金融政策，鼓励和支持优化下列金融服务：

（一）金融机构开展信用保险、融资租赁、信托投资等业务，发行多币种的产业投资基金，在基础设施领域推出公募不动产信托基金；

（二）中小科技企业首贷、续贷中心支持企业无还本续贷；

（三）战略性新兴产业企业发债融资，提供股权和债权相结合的融资方式支持企业创新活动；

（四）保险资金以股权、债权、资产支持计划等形式直接支持知识城科技项目和创新企业发展；

（五）私募基金参与创新型科技企业投资，高新技术企业开展跨境融资。

省人民政府财政、科技、工业和信息化、地方金融监管等有关部门应当指导和支持知识城优化金融服务。

【理解与适用】本条是关于知识城产业金融服务的规定。

金融是连接各种要素市场的重要纽带，金融体系是社会资源配置的关键。知识城要引导金融机构加大对中小科技企业的信贷支持力度，缓解企业融资难、融资贵、融资慢难题，为中小科技企业高质量发展服务。完善战略性新兴产业企业成长壮大的融资渠道，为战略性新兴产业提供更丰富的金融产品和服务，建立向“硬科技”企业等战略性新兴产业企业精准输送金融血液的对接机制，形成各类金融工具协同支持创新发展的良好局面，助推新兴产业快速健康发展。完善知识城产业金融支持体系，发挥资金形成机制、资金导向机制和信用催化机制的作用，有助于提高科技创新和金融资源的高效、有机结合，推动资本要素、科技创新活动和高新技术产业的集聚，对提高知识城的综合竞争力和可持续发展具有重要意义。

本条第 1 款第 1 项所述信用保险，是指保险人对被保险人信用放款或信用售货，在债务人拒绝履行合同或不能清偿债务时，由保险人对被保险人所受到的经济损失承担赔偿责任的保险方式，是一种企业用于风险管理的保险产品。信用保险的主要功能是保障企业应收账款的安全，通过把债务人的保证责任转移给保险人，即当债务人不能履行其义务时，由保险人承担赔偿责任。融资租赁，是指出租人根据承租人对出卖人、租赁物的选择，向出卖人购买租赁物，提供给承租人使用，并由承租人支付租金的非银行金融形式，是集融资与融物、贸易与技术更新于一体的新型金融产业，其本质上以融通资金为目的，相当于为企业提供了一笔中长期贷款。信托投资，是指信托机构利用自有资金或是组织的资金进行的资本投资，其实质是一种金融产品，由专业信托机构发行，具有合同的法律地位，可以为投资者提供投资和财产保护的金融服务。在信托投资过程中，信托机构负责筹集资金，将其投资到现有合规的金融投资标的，进行有效管理，并定期向投资者支付投资收益，实现投资预期目标，并及时回收本金。产业投资基金，又称风险投资基金或私募股权投资基金，一般是指向具有高增长潜力的未上市企业进行股权或准股权投资，并参与被投资企业的经营管理，以期所投资企业发育成熟后通过股权转让实现资本增值，其属于利益共享、风险共担的集合投资制度，即通过向多数投资者发行基金份额设立基金公司，由基金公司自任基金管理人或另行委托基金管理人管理基金资产，委托基金托管人托管基金资产，从事创业投资、企业重组投资等实业投资。

公募不动产信托基金（real estate investment trusts），是指以面向社会不特定投资者公开发行收益凭证的方式募集资金，以能够产生相对稳定收益的不动产为主要投资标的，并由专门机构进行投资管理，并将收益分配给投资者的一种信托基金。在典型的公募不动产信托基金交易结构中，其通过首次公开募集从投资人处筹集资金，购买并持有底层资产（不动产）后将底层资产的收入（主要是租金收入和资产增值）作为收益分配给投资人，投资人所持公募不动产信托基金份额可在公开市场上流通，其可为中小投资者提供投资于不动产项目低门槛的投资产品，而对不动产持有人而言则是一种直接融资方式。通过鼓励和支持金融机构业务的多元化发展，可以健全知识城金融服务体系，并充分发挥前述金融工具的功能，以支持产业发展和创新。

本条第 1 款第 2 项所述无还本续贷，又称借新还旧或再融资，是指贷款到期后出现特定问题不能按时收回，又重新发放贷款用于归还部分或全部原贷款的行为。原中国银行业监督管理委员会《关于完善和创新小微企业贷款服务 提高小微企业金融服务水平的通知》（银监发［2014］36 号）第 3 条第 1 款提出："积极创新小微企业流动资金贷款服务模式。对流动资金周转贷款到期后仍有融资需求，又临时存在资金困难的小微企业，经其主动申请，银行业金融机构可以提前按新发放贷款的要求开展贷款调查和评审。符合下列条件的小微企业，经银行业金融机构审核合格后可以办理续贷：（一）依法合规经营；（二）生产经营正常，具有持续经营能力和良好的财务状况；（三）信用状况良好，还款能力与还款意愿强，没有挪用贷款资金、欠贷欠息等不良行为；（四）原流动资金周转贷款为正常类，且符合新发放流动资金周转贷款条件和标准；（五）银行业金融机构要求的其他条件。"通过设立中小科技企业首贷、续贷中心支持企业无还本续贷，对正常经营、产品和服务市场有竞争力的企业尤其中小企业而言，有助于解决其临时资金周转问题，也能一定程度降低企业的财务成本。

本条第1款第3项所述发债融资，是一种企业通过发行债券来筹集资金的方式，其是由项目主体按法定程序发行的、承诺按期向债券持有者支付利息和偿还本金的一种融资行为，债券融资是企业筹集资金的重要手段，尤其对于大型项目或企业而言，债券融资可以提供稳定的资金流，并降低对银行贷款的依赖。在股权和债权相结合的融资方式中，股权融资是指企业通过发行股票或引入股东来筹集资金，投资者通过持有企业的股票，成为企业的股东，与企业共同分享风险和收益，其融资过程一般是由企业股东转让部分企业所有权，或通过增资的方式引进新的股东，同时使总股本增加，股权融资所获得的资金，企业无须还本付息，而新股东将与老股东同样分享企业的盈利与增长；债权融资是指企业以借款的方式筹集资金，通过签订借款协议向债权人承诺按时支付利息和本金，其用途主要是解决企业营运资金短缺的问题，而不是用于资本项下的开支；股权和债权相结合的融资方式则同时采用股权融资和债权融资的方式筹集资金，其可在股权融资和债权融资之间平衡风险，既可以分享企业盈利，又可保护债权人的权益，同时可以根据项目需要调整股权和债权的比例，灵活应对不同阶段的融资需求。《知识城总体发展规划》第三章第一节提出："加大科技创新资金投入。强化资本市场对科技创新支持，鼓励符合条件的战略性新兴产业的企业发债融资，支持为企业创新活动提供股权和债权相结合的融资方式，鼓励社会资本设立战略性新兴产业发展基金和投资基金。支持股权投资管理机构、创业投资管理机构在知识城内发起、管理人民币股权投资和创业投资基金。鼓励天使投资、创业投资等风险投资机构在知识城内开展业务。持续稳定支持高水平的基础和应用基础研究，构建多元化联合资助体系。"通过支持战略性新兴产业企业通过债券发行等方式融资，同时提供股权和债权相结合的融资方式，有助于构建多元化联合资助体系，以期最大限度满足企业创新和发展的资金需求。

本条第1款第4项所述保险资金以股权、债权、资产支持计划等形式直接支持企业发展，一般认为是一种保险资金融资业务，是指保险公司利用其大量的保险资金为企业提供资金支持，以满足企业的融资需求，其可以分为直接融资和间接融资两种模式，直接融资是指保险公司直接向企业提供融资服务，如提供贷款、发行债券等，这种方式下，企业可以直接从保险公司获取资金，无须通过其他金融机构；间接融资是指保险公司通过投资其他金融机构的债券、股票等金融产品，间接地为企业提供融资支持。中国人民银行、科学技术部、原中国银行业监督管理委员会等《关于大力推进体制机制创新扎实做好科技金融服务的意见》（银发〔2014〕9号）第14条提出："创新保险资金运用方式，为科技创新提供资金支持。根据科技领域需求和保险资金特点，支持保险资金以股权、基金、债权、资产支持计划等形式，为高新区和产业化基地建设、战略性新兴产业的培育与发展以及国家重大科技项目提供长期、稳定的资金支持。探索保险资金投资优先股等新型金融工具，为科技企业提供长期股权投资。推动科技保险综合实验区建设，在更好地服务科技创新方面先行先试，探索建立综合性科技保险支持体系。”国家金融监督管理总局于2023年9月10日发布的《关于优化保险公司偿付能力监管标准的通知》（金规〔2023〕5号）则根据保险业发展实际，优化了保险公司偿付能力监管标准，同时下调风险因子，为保险资金入市打开空间，也为资本市场平稳健康发展提供了支持。通过支持和鼓励保险资金以股权、债权、资产支持计划等形式直接支持知识城科技项目和创新企业发展，充分发挥保险资金具有的期限长、规模大、稳定性高且运用灵活的独特优势，为企业技术创新提供长期稳定资金支持。

本条第1款第5项所述私募基金，是指以非公开方式向投资者募集资金设立的投资基金，其投资标的包括股票、股权、债券、期货、期权、基金份额及投资合同约定的其他投资标的。跨境融资，是指在金融领域中，来自不同国家或地区的企业或个人在全球范围内进行融资活动的一种方式，其模式主要包括债券融资、股权融资和银行贷款三种形式。广州市地方金融监督管理局、广州市科学技术局、中国人民银行广东省分行营业管理部、国家金融监督管理总局广东监管局、中国证券监督管理委员会广东监管局印发《广州市加大力度支持科技型企业融资的若干措施》第8条提出：“充分发挥1500亿产业母基金、500亿创投母基金及50亿广州科技创新母基金投引带动作用，引导投早、投小、投科技。鼓励银行机构理财子公司、证券机构资管子公司开发与风投创投相适应的长期投资产品，支持保险资金、家族财富公司等社会资本加大对科技型企业的投资力度。大力培育私募二级市场基金（S 基金），支持广东股权交易中心开展私募股权与创业投资基金份额转让试点。依托企业利用资本市场对接平台开展科技型企业路演，建立风投创投与科技型企业融资对接机制。加快开展合格境内有限合伙人（QDLP）、合格境外有限合伙人（QFLP）试点，扩宽科技型企业跨境融资渠道。（责任单位：市地方金融监管局、市科技局、市国资委、广东证监局、各区政府）”通过鼓励私募基金通过跨境融资为创新型科技企业提供支持，既能拓宽企业资金融通渠道，也有助于利用私募基金相对灵活的投资结构促进科技创新和金融资源的高效、有机结合，推动资本要素、科技创新活动和高新技术产业的集聚，对提高知识城的综合竞争力和可持续发展具有重要意义。

为更好地提升知识城金融服务所获得的政策支持，本条第 2 款强调广东省人民政府财政、科技、工业和信息化、地方金融监管等部门的指导和支持作用，这些部门将在知识城的金融服务方面提供必要的政策指导和资源支持，以确保金融服务能够更好地为知识城的产业发展提供支持。

第二十三条【人才引进】

【原文】支持全省重大人才管理改革创新举措在知识城先行先试。

推动港澳医疗、教育、规划、法律等领域的专业人才在知识城便利执业。

依照法律、行政法规或者国家规定，取得永久居留资格的外籍高层次人才在知识城创办科技型企业享受中国籍公民同等待遇。

支持知识城实行更加开放的境外人才引进政策，为境外人才在办理签证、停留居留、永久居留等方面提供便利，推动人才要素跨境流动。

【理解与适用】本条是关于知识城人才引进的规定。

本条规定了知识城在人才引进方面的具体支持和创新措施，强调了在人才引进和管理上的优化和创新。本条与第 24 条共同形成了知识城人才的主要获取途径和供给来源的规定。人才供给来源主要分为内部供给和外部供给。人才引进属于外部供给，是指在缺乏足够人才培养条件或者培养成本较高的情况下，通过外部选拔的方式获得所需的人才。在知识城，政府积极发挥主导作用，充分运用组织规划和协调功能，制定相关政策和措施，有序引进人才，扩大人才规模和提升素质。这旨在满足知识城知识密集型产业对人才的需求，促使人才资本最大化发挥效益，推动创新创业。

本条第 1 款规定，支持全省重大人才管理改革创新举措在知识城先行先试。《知识城总体发展规划》第三章第三节提出："创新人才管理机制。积极探索人才自由流动等先行先试政策，将知识城打造为国际人才自由港。健全吸引国际人才体制机制，强化人才政策统筹协调、人才信息资源共享，设立海外人才工作站，实现精准引才高效引智。积极为领军人才申请签证、居留证件、永久居留证件提供便利。探索建立与国际接轨的全球人才招聘制度和吸引外国高技术人才的管理制度，建立住房、子女入学、就医社保服务通道。尊重个人兴趣，倡导学术自由，赋予创新领军人才更大的人财物支配权和技术路线决定权。畅通科研人员在高校院所与企业间的双向流动渠道，破除限制人才自由流动的体制机制障碍。改革完善人才培养、使用、评价机制，善聚善用各类人才。”2020 年 9 月 27 日至 28 日，中央人才工作会议在北京召开。习近平总书记在会议上指出：“加快建设世界重要人才中心和创新高地，需要进行战略布局。综合考虑，可以在北京、上海、粤港澳大湾区建设高水平人才高地，一些高层次人才集中的中心城市也要着力建设吸引和集聚人才的平台，开展人才发展体制机制综合改革试点，集中国家优质资源重点支持建设一批国家实验室和新型研发机构，发起国际大科学计划，为人才提供国际一流的创新平台，加快形成战略支点和雁阵格局。”知识城是国家级海外人才离岸创新创业基地，建设有全国首个欧美同学会“海归小镇”，获批广东省博士博士后创新示范中心，出台一系列人才支持政策，建设了有 14 家顶尖科研院所的科教创新园，集聚了一批战略科学家，成为广深港澳科技创新走廊核心平台。为谋划建设粤港澳大湾区高水平人才高地，广东省势必会不断推出人才创新举措，对于需要先行先试的重大人才政策，知识城具备较好的试点基础。支持全省重大人才管理改革创新举措在知识城先行先试，也意味着知识城将探索成为人才引进、管理机制等方面改革创新的先行地区，为全省范围内的人才政策提供借鉴和经验。

本条第 2 款规定，推动专业人才在知识城便利执业。《知识城总体发展规划》第六章第二节提出："深化与港澳在教育、医疗、生物医药等各领域合作。大力支持港澳高校在知识城设立分校和附属机构，开展与港澳职业教育在招生就业、培养培训、师生交流、技能比赛等方面的合作，完善职业教育资源共享机制。对接港澳'青年内地交流资助计划'等重点项目实施，深化与港澳高校、青年组织等常态化交流合作。依托知识城南方医院、中山大学肿瘤防治中心知识城院区等，积极引入港澳一流医疗卫生服务机构。推动港澳教育、规划、法律等领域的专业人才在知识城便利执业，允许产学研复合型人才多岗位兼职，推动人才互通共享。探索设立国家药品监督管理局粤港澳大湾区药品和医疗器械审评检查中心的服务窗口，为相关企业申请药品医疗器械注册提供便利性服务。"推动港澳医疗、教育、规划、法律等领域的专业人才在知识城内便利执业，为这些领域的人才提供更加便捷的创业和就业环境，有助于构建更高水平的人才制度，建立更为灵活的人才管理机制，打通人才流动、使用、发挥作用过程中的各个环节，知识城在人才管理方面的改革创新举措也将为全省人才工作探索可供复制的经验，为推进粤港澳大湾区高水平人才高地建设贡献力量。

本条第 3 款规定，外籍高层次人才在知识城创办科技型企业享受国民待遇。北京市市场监督管理局等七部门《关于支持外籍人员使用外国人永久居留身份证创办企业享受国民待遇的实施意见》（京市监发〔2021〕73 号）第 2 条规定："在本市试点开展外籍人员持外国人永久居留身份证创办科技型企业享受国民待遇的基础上，稳妥扩大试点范围，支持外籍人员使用外国人永久居留身份证在更多领域、更广区域创办企业，在更多方面依法享受国民待遇。”上海市浦东新区人民政府《关于持永久居留身份证外籍高层次人才创办科技型企业试行办法》第 3 条规定：“外籍高层次人才可凭其持有的外国人永久居留身份证（外国人永久居留证）作为创办科技型企业的身份证明，与中国籍公民持中国居民身份证作为身份证明创办企业享受同等待遇。”全国重要城市均出台政策明确取得永久居留资格的外籍高层次人才在创办科技型企业方面享受与中国籍公民同等的待遇，旨在通过保障符合条件的外籍高层次人才与本国自然人、法人或其他主体之间的民事权利地位的平等，从而排除外国公民和法人在民事法律地位方面低于国内公民和法人的待遇的情形，将进一步优化创新要素的市场配置机制，并吸引更多“外脑”参与和推动区域建设。

本条第 4 款规定，知识城实施更加开放的境外人才引进政策。中共中央、国务院《关于深化体制机制改革加快实施创新驱动发展战略的若干意见》（中发〔2015〕8 号）提出：“制定外国人永久居留管理的意见，加快外国人永久居留管理立法，规范和放宽技术型人才取得外国人永久居留证的条件，探索建立技术移民制度。对持有外国人永久居留证的外籍高层次人才在创办科技型企业等创新活动方面，给予中国籍公民同等待遇。加快制定外国人在中国工作管理条例，对符合条件的外国人才给予工作许可便利，对符合条件的外国人才及其随行家属给予签证和居留等便利。对满足一定条件的国外高层次科技创新人才取消来华工作许可的年龄限制。”中共中央组织部、人力资源和社会保障部等五部门《关于为外籍高层次人才来华提供签证及居留便利有关问题的通知》（人社部发〔2012〕57号）第1条提出："凡纳入下列海外高层次人才引进计划引进的外籍来华高层次人才及其外籍配偶和未满18周岁外籍子女，或中国籍回国高层次人才的外籍配偶和未满18周岁外籍子女，可以为其提供签证及居留便利。（一）中央海外高层次人才引进计划（'千人计划'）；（二）中央和国家机关各部委、各直属机构、中央企业开展并报中共中央组织部、人力资源社会保障部或国家外国专家局备案同意的各类海外高层次人才引进计划；（三）各省、自治区、直辖市和副省级城市开展并报中共中央组织部、人力资源社会保障部或国家外国专家局备案同意的各类海外高层次人才引进计划；（四）省级以下开展的规模较大、层次较高、具有较强影响力，经各省（自治区、直辖市）和副省级城市党委组织部、人力资源社会保障部门或外国专家主管部门审核，报中共中央组织部、人力资源社会保障部或国家外国专家局审批同意的各类海外高层次人才引进计划。"第2条的内容是提供签证及居留便利的措施："（一）需多次临时入、出境的，可办理5年多次有效、每次停留不超过180天的长期多次签证。（二）需在中国工作或长期居留的，可办理工作签证或2至5年有效的外国人居留证件。（三）符合办理永久居留条件的，可申请办理永久居留手续。（四）符合条件的，颁发来华定居专家证或外国专家证。"该通知通过支持知识城实行更加开放的境外人才引进政策，为境外人才在办理签证、停留居留、永久居留等方面提供便利。这一举措将提升人才出入境的便利化水平，推动国际人才跨境便利执业，完善外籍人才工作和停居留政策，探索技术移民等创新措施，构建更为便捷的人才跨境流动机制，稳步深化境外人才管理改革实践。同时，不断提升入境出境、停留居留、永久居留和社会融入等各环节对境外人才工作的服务保障能力。这一举措积极营造了安心、安身、安业的人才发展环境，有助于构建具有全球竞争力的人才制度体系。

第二十四条【人才培养】

【原文】支持国内外知名高等学校、科研院所、高端研究咨询机构依法在知识城合作办学、设立研究院或者人才培训机构，培养高层次人才和技能人才，创新人才培养模式。

支持知识城符合条件的企业自主开展企业主体专业的职称评审。

【理解与适用】本条是关于通过中外合作促进知识城人才培养的规定。

人才培养作为人才的内部供给来源，相较于人才引进，存在时间成本较高、培养结果不确定性的短板。然而，其优势在于更贴合人才实际需求和培养出的人才也能有更高的忠诚度，因此在人才来源方面具有重要意义。本条规定了知识城在人才培养领域的具体支持措施，旨在提供更加多样化和创新性的人才培养途径，促进高层次和技能人才的培养。

本条第1款规定，支持国内外知名高等学校、科研院所、高端研究咨询机构在知识城合作培养高层次人才和技能人才。依据《中外合作办学条例》，中外合作办学属于公益性事业，是中国教育事业的组成部分。《知识城总体发展规划》第八章第一节提出，“优先发展现代化教育。引进优质基础教育资源，按照可容纳人口规模合理均衡配置教育资源，布局高质量的学前教育、义务教育、高中阶段教育以及高等教育创新办学模式，以新机制、新模式构建高水平、开放式、国际化高等教育聚集高地。规划建设知识城国际学校、职业院校，建设集继续教育、职业培训、老年教育等功能为一体的社区学院”。教育部、财政部、国家发展改革委《关于深入推进世界一流大学和一流学科建设的若干意见》（教研〔2022〕1号）第18条提出：“全面提升国际交流合作水平。建立健全与高水平教育开放相适应的高校外事管理体系，探索与世界高水平大学双向交流的留学支持新机制，开展学分互认、学位互授联授，搭建中外教育文化友好交往的合作平台，促进和深化人文交流。规范来华留学生管理，扩大优秀学历学位生规模，推进来华留学生英语授课示范课程建设，全面提升来华学历学位留学教育质量。”支持在知识城范围内的中外合作办学，培养高层次人才和技能人才，创新人才培养模式，是深入实施新时代人才强国战略、加快建设世界重要人才中心和创新高地的必然要求，对于高等教育更好地服务建设创新型国家和人力资源强国战略需要，加快国家创新体系建设，增强自主创新能力，提高综合国力和国际竞争力具有十分重要和深远的意义。

本条第2款规定，支持知识城的企业自主开展职称评审。人力资源和社会保障部办公厅《关于进一步做好职称评审工作的通知》（人社厅发〔2022〕60号）第8条提出：“发挥用人单位主体作用。根据单位类型和岗位特点有序下放职称评审权限，向用人单位授予更多的职称评审自主权。支持国家实验室开展高级职称自主评审。具有职称评审权的单位结合目标任务、岗位职责、绩效考核等分类制定职称评审标准，科学合理明确论文、科研成果等要求。鼓励通过同行评价、技术技能竞赛、揭榜挂帅、服务对象评价等多元评价方法识别人才，促进评用结合。用人单位要切实履行好推荐申报主体责任，对申报人员的品德、能力、业绩情况的真实性负责。国家重点实验室、国家技术创新中心、科技领军企业、行业龙头企业等可推荐本单位技术负责人直接评定相应层级职称。支持科学中心、创新高地采取更加灵活的职称评聘机制。用人单位要切实履行好主体责任，用不好授权、履责不到位的要问责。”根据《广东省职称自主评审管理服务规定》，企业申报自主职称评审的具体条件如下：（1）可开展职称自主评审的企业类型：条件成熟的省实验室、新型研发机构、大型企业、高新技术企业。（2）自主测评企业应具备的条件：具备独立法人资格，且具有明确的行业主管部门；开展职称评审的系列或专业是本单位主体系列或专业；拟评审的职称系列或专业在行业内具有重要影响力，能够代表本领域的专业发展水平；具有一定规模和可持续成长的专业技术人才队伍；制定符合国家和本地职称政策的评审方案、评审标准条件、评审管理服务办法等制度文件；具有一定数量且符合条件的职称评审专家；组织健全，制度完备，管理严格，经营状况稳定良好；近3年职称评审工作没有发生违规违纪行为。（3）职称自主评审申请程序：申请企业向行业主管部门申报函件、工作方案、评审系列或专业标准条件及评审办法—行业主管部门对申请材料进行审核，提出是否同意的意见—申报企业收到行业主管部门的审核同意意见后，将申报材料报送对应审批权限的人力资源社会保障行政部门，并由其作出是否同意的决定。支持知识城内符合条件的企业自主开展企业主体专业的职称评审。这意味着企业可以根据自身需求和特点，建立适合自己的职称评审制度，为员工的职业发展提供更加灵活和有针对性的支持，也便于企业自主培养人才，对企业发展壮大亦有重大意义。

第二十五条【人才支持】

【原文】支持知识城组织实施国际化人才奖励计划。

知识城管委会设立人才发展专项资金，对引进的高层次人才、团队及其创新创业项目予以支持。鼓励社会组织、企业和个人发起设立人才发展基金，为知识城人才发展提供资金支持。

在政府资助的重点创新项目中，按照国家和省的规定赋予创新领军人才人财物支配权和技术路线决定权。

【理解与适用】本条是关于知识城人才支持的规定。

本条规定了知识城在人才引进、培养和发展方面的具体支持措施，旨在为高层次人才和创新项目提供资金和资源支持，促进知识城的创新创业和人才培养。

第一，国际化人才奖励计划。支持知识城组织实施国际化人才奖励计划，是想通过奖励措施吸引并激励国际上的优秀人才前来知识城，为其注入新的活力，推动知识城的创新与发展。实施国际化人才奖励计划包括设立专项人才计划（或人才工程、人才项目）以吸引、培养海内外高层次人才。这些计划依托于系统化的政策支持，旨在促进人才数量迅速增加，提升人才层次。在国家层面，国家特支计划、长江学者奖励计划等均为此例。广东省涉及珠江人才计划、特支计划、扬帆计划、广州市涉及广聚英才计划、红棉计划等。此外，全国各地广泛实施人才计划以引进高层次人才，如北京的海聚计划，上海的浦江人才计划、武汉的“3551”光谷人才计划、苏州的姑苏人才计划等。本条第1款的规定旨在支持知识城组织实施国际化人才奖励计划，一方面通过奖励措施吸引和激励国际化的优秀人才来到知识城，为知识城的创新和发展注入新的活力，另一方面强调广东省和广州市需要给予知识城更多支持，特设专属于知识城的国际化人才奖励计划。知识城通过实施国际化人才奖励计划，吸引各类人才到知识城创新创业，构建集聚战略科学家、领军人才、后备人才、青年人才的引才梯队。通过对现有人才计划的整合，在广州市黄埔区、广州开发区人才计划中设置若干人才项目：一是海外尖端人才项目，围绕知识城重点发展的新一代信息技术、人工智能、生物医药、新能源和新材料等产业领域，引进战略科学家和产业顶尖人才团队，在人才奖励补贴、项目资助、政府引导基金等方面予以重点支持。二是院士引进项目，采取“分类施策、一人一策”的方式支持吸引院士在知识城新设工作站，开展高端科学技术研发和成果转化，建设重大科研平台。三是创新创业领军人才项目，促进具有自主知识产权的重大科技项目实现成果转化和产业化。四是创业英才项目，对初创型人才企业进行支持，做强领军人才后备军。

第二，知识城管委会设立人才发展专项资金，鼓励社会资本设立人才发展基金。《〈中新广州知识城总体发展规划（2020—2035 年）〉实施方案》第 3 条提出："加速优化科技创新生态。统筹省科技和人才专项资金，支持知识城创新主体开展创新活动。支持科研院所、龙头企业在知识城创办专业科技企业孵化器、加速器，符合条件的推荐申报国家级、省级孵化载体。推进产学研深度融合，鼓励以企业为主体加大研发投入。到 2025 年，研究与开发（R&D）经费占地区生产总值比例超过 6%。（省委组织部，省科技厅、人力资源社会保障厅负责）"深圳市亦有类似政策，如中共深圳市委、深圳市人民政府印发的《关于促进人才优先发展的若干措施》第 46 条规定："设立人才创新创业基金。发挥市政府投资引导基金引导作用，依托市属国有金融机构参股，并吸引社会资本和社会力量参与，设立 80 亿元规模的人才创新创业基金，支持人才创新创业。"本条第 2 款的规定，旨在通过财政投入和社会资本相结合的支持方式，建立政府、企业、社会多元投入机制，研究制定鼓励企业、社会组织加大人才投入的政策措施等举措，有助于知识城在人才优先发展保障机制中形成财政投入、企业投入、社会组织投入的良性互动，有助于为人才提供多元化的资金支持，促进人才培养和创新创业活动。

第三，依法依规赋予创新领军人才人财物支配权和技术路线决定权。中共中央印发的《关于深化人才发展体制机制改革的意见》第 21 条提出："加大对创新人才激励力度……完善科研人员收入分配政策，依法赋予创新领军人才更大人财物支配权、技术路线决定权，实行以增加知识价值为导向的激励机制……"在政府资助的重点创新项目中，按照国家和省的规定，知识城赋予创新领军人才更大的人财物支配权、技术路线决定权。这将进一步提高科研人员成果转化收益分享比例，有助于从人才激励力度层面提升项目的创新能力和成果转化动力。

通过上述支持措施，知识城将为人才的引进、培养和发展提供更加有力的支持，促进知识城的创新创业和发展，加速产业升级和经济增长。

第二十六条【人才服务】

【原文】省人民政府相关部门支持省级重大人才服务平台在知识城设立载体。知识城管委会应当设立一站式人才服务大厅，引进国内外一流的人力资源服务机构，为各类人才提供专业精准服务。

知识城拓宽人才沟通渠道，开展论坛沙龙、合作拓展、创业路演、培训提升等柔性和增值服务，建立知识城人才联盟。

【理解与适用】本条是关于知识城人才服务的规定。

本条规定了知识城在为人才提供服务方面的具体措施，包括设立人才服务平台、一站式人才服务大厅，拓宽人才沟通渠道，提供多样化的人才服务等，旨在打造一个支持人才发展的综合体系。

本条第 1 款是有关知识城设立人才服务平台的规定。具体包括以下两点：第一，在知识城设立省级重大人才服务平台载体。这意味着，省级重大人才服务平台将在知识城内设立服务机构，提供更直接、便捷的人才服务，促进人才流动和合作。第二，知识城管委会将设立一站式人才服务大厅。为满足人才服务的便捷性与及时性需求，知识城管委会将建立一站式人才服务大厅，引进国内外优秀人力资源服务机构，为各类人才提供专业、个性化的服务。这有助于人才获取全面支持，推动人才在知识城的发展。《知识城总体发展规划》第八章第三节提出，“打造人才服务驿站。设立一站式人才服务大厅，建立人才数字档案和人才数据追踪系统，形成高层次人才信息库。实现人才业务在线服务，按照人才需求即时收集分析最新动态，实现人才供需的合理高效匹配。配备专业人才管家，提供专业咨询服务、高效代办服务，为各类人才提供全方位精准服务。引进一批国内外一流的人力资源服务机构，鼓励发展人力资源服务外包、薪酬管理、人力资源管理咨询等新兴业态，打造最佳体验、最高效率、最优服务的人才工作地标和人才服务枢纽”。为了让知识城在引进国内外一流的人力资源服务机构方面发挥重要作用，广州市也采取了一些措施。2018 年 10 月，广州市获人力资源和社会保障部批准设立国家级人力资源服务产业园，并将其命名为中国广州人力资源服务产业园，广州市也成为华南首批成功创建国家级人力资源服务产业园的城市。广州市目前正围绕“一江两岸、双核驱动、多点支撑”规划布局，高标准推进人力资源服务产业园建设。自接到建设中国广州人力资源服务产业园任务以来，黄埔区快速响应、积极谋划，以“立足广州、联动港澳、面向世界，打造粤港澳大湾区高端人力资源产业新标杆和最优营商环境新平台”为定位，按照“一核一圈”规划建设，以科学城园区为核心，建设知识城、临港经济区、生物岛人才生态圈，引进培育一批国内外排名前 100 的知名人力资源企业，打造百亿级人力资源产业。产业园已于2021年5月底正式开园，未来将引进培育一批国内外排名前100的知名人力资源企业，为黄埔区广州开发区高质量发展提供人力资本、金融、法律等服务支撑。知识城将采取诸多举措，以求抢抓人力资源服务发展机遇，加快集聚全球领先的人力资源总部企业，发挥产业园集聚产业、服务企业的作用，提高人力资源服务经济社会发展的能力：（1）出台产业园发展配套政策。为进一步推动人力资源服务业高质量发展，进一步扩大政策覆盖面，广州市黄埔区人力资源和社会保障局于2021年印发了《广州市黄埔区 广州开发区 广州高新区进一步支持人力资源服务产业园发展办法》，该办法被称为“人力资源服务产业园10条”。（2）不断完善产业园配套服务，为各类人才提供专业精准服务。产业园核心区将着力引进金融、保险、知识产权等服务业机构，进一步完善配套的商业环境（咖啡吧、阅读角、金融支持等）。

本条第2款对知识城拓宽人才沟通渠道，提供多样化的人才服务提出了要求。要求知识城采取多种措施，如开展论坛沙龙、合作拓展、创业路演、培训提升等活动，拓宽人才之间的沟通渠道，促进交流与合作，推动人才资源的共享和互动；建立知识城人才联盟，汇集各类人才资源，促进人才之间的合作和互助。这有助于搭建一个更加开放、融合的人才生态系统，推动知识城的创新和发展，也是对《知识城总体发展规划》第八章第三节中“营造鼓励人才成长的文化氛围。开展形式多样的国际化知识交流活动，精心策划、组织、举办人才联谊交流活动，为人才交流搭建平台。拓宽人才沟通渠道，开展论坛沙龙、合作拓展、创业路演、培训提升等柔性和增值服务，建立知识城人才联盟，打造人才文化品牌，形成更具活力、吸引力和创造力的创新文化。成立高端人才俱乐部，促进高端人才交流合作。建立人才成长导师制度，为人才就业择业提供职业指导”要求的落实。

第二十七条【人才保障】

【原文】知识城管委会应当完善普惠公平的住房保障体系，扩大人才住房保障覆盖面。探索利用集体经营性建设用地建设租赁住房。

支持知识城医疗机构与国内外保险公司合作，开发跨境商业医疗保险产品，开展国际商业医疗保险结算，为外籍人才就医提供便利服务。

知识城管委会应当健全劳动保障监察制度，探索粤港澳大湾区跨境劳动争议替代性解决机制，完善劳动人事争议仲裁全流程网络服务，保护劳动者和用人单位双方合法权益。

【理解与适用】本条是关于完善知识城人才保障制度的规定。

本条规定了知识城在人才生活保障方面的具体措施，包括住房保障、医疗保险和劳动保障等方面的措施。人才引进和人才培养固然重要，而把人才留住使其能持续发挥聪明才智，促进知识城知识密集型产业的长久发展同样是重中之重。留住人才离不开对人才的一般需求和特殊需求的满足。本条分别从住房需求、医疗需求和劳动权利保障需求三个方面作出规定，共同形成人才保障的有机体系。

第一，完善普惠公平的住房保障体系，探索利用集体经营性建设用地建设租赁住房。《知识城总体发展规划》第八章第一节中提出，“完善住房保障体系。坚持房子是用来住的、不是用来炒的定位，完善多层次住房供给政策。坚持市场主导、政府引导，形成供需匹配、结构合理、流转有序、支出与消费能力基本适应的住房供应格局。加快构建以公租房、政策性租赁住房和共有产权住房为主体的住房保障体系。以解决新市民和年轻人的住房困难为出发点，大力培育和发展租赁住房，重点发展小户型、低租金的政策性租赁住房；因地制宜发展共有产权住房，满足高层次人才个性化需求”。国务院办公厅《关于加快发展保障性租赁住房的意见》（国办发〔2021〕22号）提出：“人口净流入的大城市和省级人民政府确定的城市，在尊重农民集体意愿的基础上，经城市人民政府同意，可探索利用集体经营性建设用地建设保障性租赁住房；应支持利用城区、靠近产业园区或交通便利区域的集体经营性建设用地建设保障性租赁住房；农村集体经济组织可通过自建或联营、入股等方式建设运营保障性租赁住房；建设保障性租赁住房的集体经营性建设用地使用权可以办理抵押贷款。”广东省人民政府办公厅《关于加快发展保障性租赁住房的实施意见》（粤府办〔2021〕39号）第11条提出：“提高金融支持水平。建立健全与金融机构的对接机制，支持银行业金融机构以市场化方式向保障性租赁住房自持主体提供长期贷款，按照依法合规、风险可控、商业可持续原则，向改建、改造存量房屋形成非自有产权保障性租赁住房的住房租赁企业提供贷款。完善与保障性租赁住房相适应的贷款统计，在实施房地产信贷管理时予以差别化对待。引导银行业金融机构加强产品创新、优化信贷管理，对符合条件的建设保障性租赁住房的集体经营性建设用地使用权可以办理抵押贷款。在职责范围内，建立企业发行公司信用类债券的绿色通道，支持符合条件的企业发行企业债券、公司债券、非金融企业债务融资工具等公司信用类债券，用于保障性租赁住房建设运营。支持商业保险资金按照市场化原则参与保障性租赁住房建设。落实《国家发展改革委关于进一步做好基础设施领域不动产投资信托基金（REITs）试点工作的通知》（发改投资〔2021〕958号）的要求，积极支持保障性租赁住房项目开展基础设施领域不动产投资信托基金（REITs）试点。（人民银行广州分行、广东银保监局、广东证监局，省发展改革委、地方金融监管局和各地级以上市人民政府负责，省住房城乡建设厅配合）”第12条提出：“支持市场主体参与。定期组织产品推介会，促进市场主体与企事业单位、村集体和产业园区等有发展保障性租赁住房需求的合作主体对接。对开展保障性租赁住房业务的国有租赁企业，适当放宽经营业绩考核要求。对国有企业出租自有物业开展保障性租赁住房业务，租期可放宽到10年，资产出租底价可在市场估价或询价、或者委托专业机构评估的基础上，结合市场供需及资产实际情况等因素综合确定。（各地级以上市人民政府，省国资委、财政厅，省税务局负责）”完善普惠公平的住房保障体系，扩大人才住房保障覆盖面，既有助于改善城市住房环境，提升城市形象，也将吸引更多人才和资源。同时，在探索利用集体经营性建设用地建设租赁住房方面，国家以及广东省层面均已提出相关要求，且已为符合条件的建设保障性租赁住房的集体经营性建设用地使用权提供相应融资渠道。知识城提供的多样化的住房保障方案，将为人才提供更多的住房选择，满足各类人才的住房需求。

第二，提供跨境商业医疗保险服务。跨境商业医疗保险是粤港澳大湾区金融服务创新的重点项目，《粤港澳大湾区发展规划纲要》第六章第三节中提出，“大力发展特色金融产业……在符合法律法规及监管要求的前提下，支持粤港澳保险机构合作开发创新型跨境机动车保险和跨境医疗保险产品，为跨境保险客户提供便利化承保、查勘、理赔等服务”。中国人民银行、原中国银行保险监督管理委员会、中国证券监督管理委员会、国家外汇管理局《关于金融支持粤港澳大湾区建设的意见》（银发〔2020〕95号）第19条提出：“扩大保险业开放。支持在粤港澳大湾区内地设立外资控股的人身险公司。支持在粤港澳大湾区内地设立外资保险集团、再保险机构、保险代理和保险公估公司。支持符合条件的港澳保险机构在深圳前海、广州南沙、珠海横琴设立经营机构。鼓励更多社会资本在粤港澳大湾区内地设立保险法人机构，支持保险公司在粤港澳大湾区建立资产管理、营运、研发、后援服务、数据信息等总部。支持粤港澳保险机构合作开发跨境医疗保险等更多创新产品，为客户提供便利化承保、查勘、理赔服务……”国际商业医疗保险结算不同于传统的预先支付理赔模式，如果医疗费用属于保险保障，被保险人无须在医疗机构预先支付医疗费用，而是由保险公司和保险支付网络覆盖范围内的医疗机构直接结算，当前《北京经济技术开发区深化改革创新 打造营商环境综合示范区工作方案》第12条已提出，“推进有条件的医疗机构开展国际商业医疗保险结算服务，实现境外人才医疗费用实时结算”。《深圳市2022年卫生健康工作要点》第21条也提出：“完善医疗服务跨境衔接机制……推动第三方国际医疗保险‘一站式’结算平台建立与医院质量国际认证相衔接的医疗费用跨境支付机制，扩大商业医疗保险结算业务。”前述地区均已将跨境商业医疗保险结算作为现阶段的发展方向。知识城通过支持医疗机构与国内外保险公司合作开发跨境商业医疗保险产品，开展国际商业医疗保险结算，既有助于为外籍人才提供认受度更高的商业医疗保障，提升人才的医疗保障水平，也可以通过开展国际商业医疗保险结算试点，为来华外籍人才就医提供更为直接且资金负担较小的结算服务，如此将大大方便人才就医，节省就医时间，提升就医体验。

第三，通过劳动争议解决机制的制度创新保护劳动者和用人单位的合法权益。劳动争议替代性解决机制，是指用人单位和劳动者在国家法律法规、规章制度的框架下，按照“自愿协商”的原则，约定通过替代性争议解决机制解决双方争议的方式。劳动争议替代性解决机制是非诉讼、非仲裁的选择性争议解决方式的概括性的统称，国际通行的方式主要包括：调解或调停、中立听者协议、小型审理等，作为诉讼和仲裁的辅助手段，是社会有机体自我完善的表现，其具有非正式性、非强制性、广泛性、灵活性的特点。劳动争议替代性解决机制主要强调预防为先、调解先行，以期劳动争议在进入劳动仲裁阶段前即可实质化解，该项制度探索将在速调快裁等方面先行先试，以期为在知识城开展业务的境内外企业及劳动者提供劳动用工政策指引及优质高效的纠纷预防化解服务，打造与港澳接轨的“快速、权威、便民”的劳动争议处置模式，为跨境劳资争议解决积累经验，推动企业构建和谐劳动关系，助力企业健康有序发展。同时，知识城将完善劳动人事争议仲裁全流程网络服务，加快仲裁服务方式与业务的创新变革，积极利用信息化网络的便利优势，优先适用电子送达方式送达文书，切实缩短案件办理周期；优化在线调解仲裁服务内容、标准和流程，探索推广“异步庭审”模式，推进“互联网+调解”，依托“粤省事”微信小程序网上调解，积极开展视频调解；大力推广互联网、邮寄受理和互联网审理等办案方式，切实满足互联网时代劳动争议解决的多元化需求。

第四章　对外开放与合作

第二十八条【总体要求】

【原文】知识城应当以推动高水平开放合作为目标，拓展对外开放领域，参与粤港澳大湾区国际科技创新中心建设，深化与新加坡全方位合作，拓展共建“一带一路”开放合作，打造高水平对外开放新平台。

【理解与适用】本条是关于推动知识城高水平对外开放，并加强与新加坡全方位合作总体要求的规定。

知识城对外开放与合作包括三个主要方面：

一是深化中新全方位合作。《知识城总体发展规划》第六章第一节提出，“深化与新加坡的科技创新和产业合作。推进知识城制度创新与政策创新。发挥新加坡在科技创新、产业发展方面的特色优势，依托腾飞广州科技园、中新国际联合研究院、新加坡国际制造创新中心、中新国际智慧产业园等标志性项目，重点开展新一代信息技术、人工智能、生物医药、新材料新能源等领域的科技合作研究和产业化。鼓励和引导新加坡企业、高校、科研院所建立高水平协同创新平台，加快中新国际科技创新合作示范区建设，加大双方在全球战略性新兴产业及总部经济方面的招商引资力度和资源投入，引导符合知识城发展方向的投资项目优先落户。扎实推进与新加坡在知识产权领域的合作。落实中国和新加坡政府间知识产权领域合作谅解备忘录中的相关事项，促进两国相应的知识产权机构和组织在知识城开展业务交流与合作，支持新加坡专利代理等服务机构试点设立常驻代表机构，在依法合规前提下，支持新加坡金融机构在知识城开展知识产权金融创新，打造'国际知识产权创新服务中心'，进一步放开双边跨境知识产权服务领域。积极拓展与新加坡在人才培养领域的合作。以北京大学粤港澳大湾区知识产权发展研究院为基础，引入加州大学伯克利分校、新加坡知识产权学院等教育资源，创新知识产权人才培养模式，打造具有国际视野和较强实战能力的知识产权运营类高端人才输出基地。加强与新加坡知名大学和科研院所的教育合作，探讨按照对等互惠原则商签两国大学生实习交流项目协议，便利更多新加坡大学生到知识城创新创业。鼓励新加坡在知识城建设中学、大学、科研院所，打造知识城教育小镇，进一步扩大和深化人文交流合作。加强与新加坡在城市治理等领域的交流合作。借鉴新加坡城市建设、社会治理等成功理念和方法，加强生态文明、循环经济、环境研究、发展和治理等领域合作，推动人工智能运用和城市管理升级，共同打造具有可持续发展性的和谐宜居智慧城市”。可见，在知识城范围内中新两国着眼于科技创新、知识产权、人才培养和城市治理等领域开展了全方位的合作，并提出相应的具体措施。

二是打造粤港澳大湾区高质量发展重要引擎。《知识城总体发展规划》第六章第二节中提出：“建设粤港澳大湾区重要创新极。发挥在广深港澳科技创新走廊中的重要创新平台作用，与深港科技创新合作区、南沙庆盛科技创新产业基地、粤澳（横琴）深度合作区等重大创新载体串珠成链打造大湾区创新带，提升区域协同创新能力。推进粤港澳大湾区协同创新研究院建设，构建国际一流的科学研究、产业发展及人才培养等产学研一体化的创新体系。积极参与粤港澳大湾区国际科技创新中心建设，加大对基础科学理论的研究力度，围绕粤港澳企业创新创业需求，不断输出重要原创知识和基础研发成果。运用量子计算、5G、区块链、物联网等新兴及前沿技术，建设具备更加高效稳定的海量数据存储、备份、运行及处理能力的国家级超大型 IDC 数据中心，探讨创建粤港澳大湾区国家大数据综合试验区。研究建立粤港澳三地数据流动融合长效机制，高水平打造大数据流通与交易综合服务平台。设立粤港澳及海外院士专家创新创业联盟，建设院士学术交流中心，举办院士高峰年会，探讨与‘大湾区院士联盟’互动合作，推动开展学术、科技交流和科技产业合作。构建粤港澳大湾区科技成果孵化和转化平台。创建粤港澳大湾区青年创新创业基地，重点打造面向港澳的示范性孵化器、众创空间和价值创新园区。依托中国科学院生命健康研究院、广州再生医学和健康广东省实验室，打造生命科学与健康领域高水平人才培养基地、高水平前沿研究基地、临床应用基地、成果转化及产业化基地，打造独具特色的国际科技企业加速器集群，为港澳及海外企业提供全生命周期产业发展平台。支持港澳及海外投资机构参与投资知识城私募投资基金和创业投资基金，构建多元化、国际化、跨区域的科技创新投融资体系。构筑粤港澳大湾区知识产权创新枢纽。充分发挥粤港澳大湾区知识产权联盟作用，强化大湾区内企业、机构相互间的合作，推动资源共享、共同发展。依托广东知识产权交易博览会和亚洲知识产权营商论坛，搭建粤港澳知识产权交流合作平台。探索知识产权专业人才互认机制，全面加强与港澳在知识产权保护、专业人才培养等领域的合作。引入一批港澳知识产权服务机构，培育一批产业特色突出的知识产权运营机构，支持开展粤港澳知识产权金融、保险、交易、贸易活动。建立粤港澳大湾区知识产权信息公共服务平台，作为全国知识产权信息公共服务体系建设的重要节点，形成知识产权信息交换共享机制。深化与港澳在教育、医疗、生物医药等各领域合作。大力支持港澳高校在知识城设立分校和附属机构，开展与港澳职业教育在招生就业、培养培训、师生交流、技能比赛等方面的合作，完善职业教育资源共享机制。对接港澳'青年内地交流资助计划'等重点项目实施，深化与港澳高校、青年组织等常态化交流合作。依托知识城南方医院、中山大学肿瘤防治中心知识城院区等，积极引入港澳一流医疗卫生服务机构。推动港澳教育、规划、法律等领域的专业人才在知识城便利执业，允许产学研复合型人才多岗位兼职，推动人才互通共享。探索设立国家药品监督管理局粤港澳大湾区药品和医疗器械审评检查中心的服务窗口，为相关企业申请药品医疗器械注册提供便利性服务。"可见，将知识城打造成粤港澳大湾区高质量发展重要引擎，关键在于新兴及前沿技术的研发、交流、合作，并探索通过科技创新投融资体系的建设促进科技成果的孵化、转化，同时注重知识产权保护与创新机制的运作，通过知识产权信息交换共享机制的建设推动科技资源共享、共同发展，通过教育、医疗、生物医药等各领域合作，推动人才互通共享。

三是拓展共建“一带一路”开放合作。《知识城总体发展规划》第六章第三节中提出：“深化与‘一带一路’沿线国家和地区的交流合作。加强‘一带一路’框架下国际贸易、金融支撑等重点领域合作。共同建设境外经贸合作区，打造经贸合作新平台，创新投资贸易新模式。鼓励社会资本成立产业投资基金，按照市场化、商业化原则为竞争性产业领域项目提供资金支持，打造服务于‘一带一路’倡议的金融合作平台。定期主办企业交流活动和论坛，协助企业依托各自优势，合作承建一批能源、交通、电力等领域的重大建设项目。会同香港、澳门，携手新加坡，支持企业以市场为导向，在互利共赢的基础上开展国际经济技术合作，开展绿地投资、实施跨国兼并收购，带动装备、服务、技术、标准‘走出去’。借助香港、澳门在争议解决、管理咨询、项目策划、知识产权、金融、保险等国际化专业服务方面的优势，加快建立完善企业‘走出去’综合服务平台和风险监测预警机制，推进全球经贸工作网络建设。在知识城建设项目中试行香港工程建设管理模式，引入香港建设专业机构及人才提供服务，形成穗港合作建设范例。搭建共建‘一带一路’全面开放合作新平台。深化落实中国—东盟科技伙伴计划，开展与东盟国家的园区共建，探讨建立科技创新合作新机制，广泛推动与东盟国家在教育、卫生、文化、旅游、生态环境保护等领域的合作。积极参与中国—以色列科技合作，推动以色列生物医药、机器人、高端智能装备、人工智能等领域高技术产业合作项目在知识城孵化落地。深入推进与沙特的产能合作。支持欧盟地区国家高端研究机构、企业在知识城设立研发中心或者分支机构，鼓励双方科技研发机构和科技企业加强创新合作，重点围绕新一代信息技术、人工智能、生物医药、新能源和新材料等领域与欧洲企业开展项目合作。”可见，知识城的发展将主动融入国家“一带一路”倡议，同时以知识城为平台，深化与“一带一路”共建国家和地区的交流合作，加强“一带一路”倡议下国际贸易、金融支撑等重点领域合作，共同建设境外经贸合作区，打造经贸合作新平台，创新投资贸易新模式。鼓励社会资本成立产业投资基金，按照市场化、商业化原则为竞争性产业领域项目提供资金支持，打造服务于“一带一路”倡议的金融合作平台。

总体来说，知识城的高水平对外开放与合作，有赖于通过科技创新、知识产权保护和国际合作等途径全面落实，以推动高水平开放合作为目标，拓展对外开放领域，提高协同发展水平，探索合作共赢模式，把知识城打造成为中新两国与时俱进的全方位合作伙伴关系新典范，成为实现“一带一路”倡议和粤港澳大湾区建设的重要平台载体。

第二十九条【金融开放】

【原文】支持知识城扩大金融业对外开放，探索以人民币计价结算的金融资产跨境转让业务以及本外币合一的跨境资金池业务，支持符合条件的财务公司、证券经营机构等非银行金融机构获得结售汇业务资格，推进人民币国际化先行先试。

支持设立中新合资金融机构，支持符合条件的新加坡金融机构在知识城设立分支机构。

【理解与适用】本条是关于知识城在拓展金融领域开放方面的制度设置的规定。

本条第1款所述以人民币计价结算的金融资产跨境转让业务，是境内银行与符合政策条件的境外金融机构之间的一种金融交易。在此业务中，双方按照协议约定，以人民币计价并结算，进行买卖符合合规标准、由境内银行自主发放且尚未到期的资产。这种业务实质上是一种商业交换行为，目标是在合法合规的前提下，通过协议约定，在境内银行自主且合规发放的尚未到期资产范围内进行跨境转让。该过程有助于推动跨境资金流动，拓展投资渠道，同时促进了金融市场产品的多样化，对于加强金融市场的国际化发展具有积极作用。中国人民银行、原中国银行保险监督管理委员会、中国证券监督管理委员会、国家外汇管理局发布的《关于金融支持粤港澳大湾区建设的意见》（银发〔2020〕95号）第12条提出，“稳步扩大跨境资产转让业务试点。探索扩大跨境转让的资产品种，并纳入全口径跨境融资宏观审慎管理。支持粤港澳大湾区内地金融机构按照商业可持续原则，在满足风险管理要求的基础上，规范开展贸易融资资产跨境转让等业务”；广东省地方金融监管局、中国人民银行广州分行、广东银保监局等《关于贯彻落实金融支持粤港澳大湾区建设意见的实施方案》第12条也提出，“支持粤港澳大湾区内地金融机构按照商业可持续原则，在满足风险管理要求的基础上，规范有序推动金融机构开展贸易融资资产跨境转让业务。研究扩大跨境资产转让人民币结算的业务范围和资产品种，并纳入全口径跨境融资宏观审慎管理。（责任单位：人民银行广州分行、广东银保监局，人民银行深圳中心支行、深圳银保监局，省地方金融监管局）”。

根据广东省银行外汇和跨境人民币业务展业自律机制于2022年8月26日发布的《粤港澳大湾区贸易融资资产跨境双向转让人民币结算业务展业自律指引》，目前粤港澳大湾区范围内跨境转让的标的资产包括以人民币计价结算的不良贷款、贸易融资、国内和国际信用证福费廷、保理、银行承兑汇票等不同类型的资产。可见，随着金融业的全面开放，跨境人民币业务释放出巨大的业务发展空间，业务范围也从贸易结算逐步拓展至贸易融资、跨境融资、跨境资金交易等。当前，广东金融资产交易中心已在满足风险管理要求的基础上，积极开展以人民币计价结算的金融资产跨境转让、小贷资产和租赁资产等其他金融资产的跨境转让业务，在此背景下，在知识城范围内探索以人民币计价结算的金融资产跨境转让业务，则通过将国际贸易融资业务理念和产品引入国内贸易融资，既有利于吸引境外资金投资知识城，促进知识城与国际金融互联互通，降低融资成本，对提高知识城实体经济和金融市场活跃度具有积极意义；也有利于丰富在知识城开展业务的境内机构的融资渠道和金融供给主体，提高知识城的金融服务水平和能力。

本条第1款所述本外币合一的跨境资金池业务，又称本外币一体化资金池业务，是指跨国公司依据经营和管理需求，集中运营管理境内外本币与外币资金的一种金融活动。此业务覆盖资金的归集与调剂、经常项目资金的集中收付以及净额结算等方面，旨在促进本币与外币之间的资金流动和有效管理。跨境资金池业务为跨国公司提供了一个集中管理和运用来自不同国家或地区的本币和外币资金的平台。这种模式能够更灵活地管理资金、降低成本、优化资金结构，同时更有效地应对汇率波动和各地区经济环境的变化。通过跨境资金池业务，企业能够提高资金利用效率，优化流动性管理，并增强应对跨国经营带来的财务风险的能力。中国人民银行、原中国银行保险监督管理委员会、中国证券监督管理委员会、国家外汇管理局发布的《关于金融支持粤港澳大湾区建设的意见》（银发〔2020〕95 号）第 10 条提出，“开展本外币合一的跨境资金池业务试点。在粤港澳大湾区内地开展本外币合一的跨境资金池业务试点，进一步便利跨国企业集团在境内外成员之间进行本外币资金余缺调剂和归集，在资金池内实现本外币按需兑换，对跨境资金池业务实行宏观审慎管理”。截至 2021 年，广州开发区有外资企业 3600 多家，世界 500 强投资项目 197 个，宝洁、安利、本田、西门子等众多跨国企业均有在广州开发区落户，在知识城探索本外币合一的跨境资金池业务，有利于跨国企业从集团层面对本外币资金进行统筹管理，进一步便利跨国公司企业集团内部资金的结汇、划转和使用，降低企业的资金管理和调配成本，便利企业国际投融资业务；企业可在资金池内办理结售汇和套期保值等衍生品交易，有利于管理汇率风险、降低汇兑成本。

本条第 1 款规定支持合资格的非银行金融机构获得结售汇业务资格。当前，我国结售汇业务市场参与主体仍以银行为主，存款类机构（企业集团财务公司、汽车金融公司等）、证券类机构（证券公司、基金管理公司、信托公司等）以及其他类机构（金融租赁公司等）等非银行金融机构参与度较低，而从我国现阶段经济发展体现出的结构性特征来看，非银行金融机构在金融创新和市场发展上表现出了更多的灵活性和专业性，其可为企业提供多元化的融资渠道，通过提供保险、基金投资管理、风险评估等服务，帮助投资者和企业分散和管理风险，减少金融市场的不确定性。《商务部关于印发〈广州市服务业扩大开放综合试点总体方案〉的通知》（商资发〔2022〕212 号）提出，“支持广州市符合条件的证券经营机构等非银行金融机构有序开展结售汇业务，为客户办理即期结售汇业务和人民币与外汇衍生品业务”。可见，开展非银行金融机构结售汇业务试点，既有助于促进国内证券公司本币和外币业务均衡发展，加快培育国际一流投行，推动金融业高质量发展，提升信贷、证券、基金等国内非银行金融机构的综合竞争力和国际竞争力，也有助于扩大外汇市场参与主体，丰富外汇市场参与者结构，进一步提升外汇市场的深度、广度和活跃度，完善人民币汇率市场化形成机制，提升人民币外汇市场流动性。

本条第 2 款规定，支持在知识城设立中新合资金融机构，支持符合条件的新加坡金融机构在知识城设立分支机构。新加坡是亚洲乃至全球重要的国际金融中心、财富管理中心，知识城则是在 2018 年升级为中国和新加坡国家级双边合作项目，金融领域是中新双方都想深入合作的重要领域。当前，广州开发区已先后出台“金融 10 条”①“绿色金融 10 条”②“金融科技 10 条”③ 等

① 《广州市黄埔区 广州开发区促进金融业发展的改革措施》。

② 《广州市黄埔区 广州开发区促进绿色金融发展政策措施》。

③ 《广州市黄埔区 广州开发区促进金融科技高质量发展十条措施》。

政策，通过项目落户奖、经营贡献奖、金融人才奖等方式，对新注册设立或新迁入的金融机构及其成立的全资或参股金融科技企业进行扶持，通过集聚各类金融要素和资源，增强金融服务实体经济的能力，在此基础上，在知识城同步引进新加坡金融资源，有利于促进中新合作跨境贸易和投融资便利化，提升本外币兑换和跨境流通使用便利度，全面推进跨境投融资创新，优化金融资源配置，提高资金融通效率，提升金融服务质量和效能，为物流、贸易、制造企业等提供便利化和低成本金融服务。

第三十条【引进外资】

【原文】支持外商投资企业在知识城开展现代服务业创新业务，法律法规另有规定的除外。

支持跨区域的行业组织或者境外合格评定机构依法在知识城设立认证机构，从事相关活动。

【理解与适用】本条是关于知识城外资引进的规定。

本条第1款规定，支持外商投资企业依法在知识城开展现代服务业创新业务。一般来说，现代服务业是相对于“传统服务业”而言的，是工业化高度发展阶段产生的，主要依托电子信息高技术和现代管理理念而发展起来的信息和知识相对密集的服务业，其实质是服务业的现代化，其发展的本质来自社会进步、经济发展、社会分工的专业化等需求，并强调用现代化的新技术、新业态和新服务方式改造传统服务业，创造需求，引导消费，向社会提供高附加值、高层次、知识型的生产服务和生活服务。国务院《关于进一步优化外商投资环境 加大吸引外商投资力度的意见》（国发〔2023〕11号）提出，“（一）加大重点领域引进外资力度……支持先进制造、现代服务、数字经济等领域外商投资企业与各类职业院校（含技工院校）、职业培训机构开展职业教育和培训。（二）发挥服务业扩大开放综合试点示范引领带动作用。对接国际高标准经贸规则，加大服务业扩大开放综合试点示范先行先试力度。鼓励开展知识产权、股权及相关实体资产组合式质押融资，支持规范探索知识产权证券化。有序增加股权投资和创业投资份额转让试点地区。稳妥增加国内互联网虚拟专用网业务（外资股比不超过50%）、信息服务业务（仅限应用商店，不含网络出版服务）、互联网接入服务业务（仅限为用户提供互联网接入服务）等增值电信业务开放试点地区”；该意见同时提出，“（七）支持外商投资企业依法平等参与标准制定工作……鼓励外商投资企业自行制定或与其他企业联合制定企业标准，开展标准化服务。在服务业扩大开放综合试点示范地区推进国家级服务业标准化试点”。《广州市服务业扩大开放综合试点总体方案》提出“支持符合条件的外资机构在广州市设立或参股证券公司、基金管理公司、期货公司，扩大外资金融机构经营范围”，“向外资开放国内互联网虚拟专用网业务（外资股比不超过50%），吸引海外电信运营商通过设立合资公司，为广州市内外商投资企业提供国内互联网虚拟专用网业务。在广州市取消信息服务业务（仅限应用商店，不含网络出版）、互联网接入服务业务（仅限为用户提供互联网接入服务）等增值电信业务外资股比限制。鼓励外资依法依规参与软件即服务（SaaS）”。从我国当前实际利用外资的结构来看，外商投资仍多集中于工业领域，而在服务业尤其是现代服务业中的投资则相对较少，统计数据显示外商投资现代服务业多集中在软件、数据处理、商务中介、动漫制作、设计、研发等领域，而诸如电信、金融、保险等领域依然主要依靠国有资本，开放程度较低，市场竞争较少，影响我国现代服务业的全面发展。通过支持外商投资企业依法在知识城开展现代服务业创新业务，将加大现代服务业开放力度，持续优化引资结构，同时可结合《鼓励外商投资产业目录（2022年版）》以及制造业、研发中心等专项政策，引导外资投向先进制造、现代服务、节能环保、科技创新等重点领域，优化引资结构，增强产业的互补性和经济韧性，促进我国产业升级和消费升级。

本条第 2 款规定，支持境外合格评定机构依法在知识城设立认证机构，从事相关活动。认证活动是在市场经济的背景下产生的对产品质量的评价、监督活动，其本质是通过具有独立性、专业性、权威性的第三方机构所进行的符合性评定和公示性证明活动，保障认证对象符合标准和技术规范的要求，解决交易双方的信息不对称问题，并以此建立需求方对认证对象的信任。结合国内检验认证市场的发展现状，我国本土认证机构在标准制定、国际认可度等方面与国际权威检验检测认证机构仍存在一定差距。而外资的引进，必然涉及行业组织或企业的跨区域经营、管理活动，为此，需要配备相应的认证服务制度，为外资提供认证保障，鉴于外商投资企业在经济活动中更依赖及信任具有国际认可度的检测认证机构，我国在对外开放的过程中引入相应外资背景的认证机构亦存在必要性。在国内立法上，2020 年 11 月，国务院《关于修改和废止部分行政法规的决定》在对《认证认可条例》的第二次修订中，直接删除了对外商投资企业取得认证机构资质的限制条款，取消了对外资认证机构的准入限制，外资认证机构至此已可享受与内资同等的“国民待遇”。可见，支持境外合格评定机构依法在知识城设立认证机构从事相关活动，既是对外商投资活动的制度性保护，也有利于引入境外企业，促使国内认证机构提高认证服务质量以参与市场竞争。

第三十一条【港澳协同发展】

【原文】推进知识城与港澳协同发展，加强科技创新领域交流和信息资源共享。鼓励和支持建设粤港澳大湾区协同创新研究机构，设立粤港澳及海外院士专家创新创业联盟，开展学术、科技交流和科技产业合作。

知识城管委会应当建立粤港澳大湾区青年创新创业基地，建设粤港澳大湾区科技成果孵化和转化平台，支持港澳及海外投资机构参与投资知识城私募投资基金和创业投资基金，构建多元化、国际化、跨区域的科技创新投融资体系。

【理解与适用】本条是关于知识城推进与港澳协同发展，加强科技创新领域交流合作及科技创新投融资体系构建的规定。

本条第 1 款规定，推进知识城与港澳协同发展，加强科技创新领域交流和信息资源共享；鼓励和支持建设粤港澳大湾区协同创新研究机构，设立粤港澳及海外院士专家创新创业联盟，开展学术、科技交流和科技产业合作。《粤港澳大湾区发展规划纲要》第四章第一节提出：“加强科技创新合作。更好发挥内地与香港、澳门科技合作委员会的作用，推动香港、澳门融入国家创新体系、发挥更重要作用。充分发挥粤港澳科技和产业优势，积极吸引和对接全球创新资源，建设开放互通、布局合理的区域创新体系。推进'广州—深圳—香港—澳门'科技创新走廊建设，探索有利于人才、资本、信息、技术等创新要素跨境流动和区域融通的政策举措，共建粤港澳大湾区大数据中心和国际化创新平台。加快国家自主创新示范区与国家双创示范基地、众创空间建设，支持其与香港、澳门建立创新创业交流机制，共享创新创业资源，共同完善创新创业生态，为港澳青年创新创业提供更多机遇和更好条件。鼓励粤港澳企业和科研机构参与国际科技创新合作，共同举办科技创新活动，支持企业到海外设立研发机构和创新孵化基地，鼓励境内外投资者在粤港澳设立研发机构和创新平台。支持依托深圳国家基因库发起设立'一带一路'生命科技促进联盟。鼓励其他地区的高校、科研机构和企业参与大湾区科技创新活动。加强创新基础能力建设。支持重大科技基础设施、重要科研机构和重大创新平台在大湾区布局建设。向港澳有序开放国家在广东建设布局的重大科研基础设施和大型科研仪器。支持粤港澳有关机构积极参与国家科技计划（专项、基金等）。加强应用基础研究，拓展实施国家重大科技项目。支持将粤港澳深化创新体制机制改革的相关举措纳入全面创新改革试验。加强产学研深度融合。建立以企业为主体、市场为导向、产学研深度融合的技术创新体系，支持粤港澳企业、高校、科研院所共建高水平的协同创新平台，推动科技成果转化。实施粤港澳科技创新合作发展计划和粤港联合创新资助计划，支持设立粤港澳产学研创新联盟。”

《粤港澳大湾区发展规划纲要》第四章第二节提出：“加快推进大湾区重大科技基础设施、交叉研究平台和前沿学科建设，着力提升基础研究水平。优化创新资源配置，建设培育一批产业技术创新平台、制造业创新中心和企业技术中心。推进国家自主创新示范区建设，有序开展国家高新区扩容，将高新区建设成为区域创新的重要节点和产业高端化发展的重要基地。推动珠三角九市军民融合创新发展，支持创建军民融合创新示范区。支持港深创新及科技园、中新广州知识城、南沙庆盛科技创新产业基地、横琴粤澳合作中医药科技产业园等重大创新载体建设。支持香港物流及供应链管理应用技术、纺织及成衣、资讯及通信技术、汽车零部件、纳米及先进材料等五大研发中心以及香港科学园、香港数码港建设。支持澳门中医药科技产业发展平台建设。推进香港、澳门国家重点实验室伙伴实验室建设。”可见，自《粤港澳大湾区发展规划纲要》印发实施后，广东省、香港特别行政区、澳门特别行政区三地间经济、科技发展密不可分，知识城是粤港澳大湾区建设的重大创新载体之一，亦理应为粤港澳大湾区的高质量发展发挥重要作用。在知识城范围内主动契合粤港澳大湾区发展战略，主动与港澳协同发展，加强知识城与香港特别行政区、澳门特别行政区在科技创新领域的交流和信息资源共享，鼓励和支持在知识城范围内建设粤港澳大湾区协同创新研究机构，设立粤港澳及海外院士专家创新创业联盟，开展学术、科技交流和科技产业合作，将有利于加强粤港澳高端科技人才之间的相互交流、相互了解、相互支持，将有利于粤港澳及海外院士专家合作交流向产业、向市场延伸，向国际化发展，深化知识城与我国香港、澳门之间的科技创新合作，促进粤港澳大湾区科技界、经济界、企业界等领域的有识之士开展更加深入广泛的交流与合作。

本条第2款规定，建立粤港澳大湾区青年创新创业基地，建设粤港澳大湾区科技成果孵化和转化平台，支持港澳及海外投资机构参与投资知识城私募投资基金和创业投资基金，构建多元化、国际化、跨区域的科技创新投融资体系。《粤港澳大湾区发展规划纲要》第四章第三节中提出，“促进科技成果转化。创新机制、完善环境，将粤港澳大湾区建设成为具有国际竞争力的科技成果转化基地。支持粤港澳在创业孵化、科技金融、成果转化、国际技术转让、科技服务业等领域开展深度合作，共建国家级科技成果孵化基地和粤港澳青年创业就业基地等成果转化平台。在珠三角九市建设一批面向港澳的科技企业孵化器，为港澳高校、科研机构的先进技术成果转移转化提供便利条件。支持珠三角九市建设国家科技成果转移转化示范区。充分发挥香港、澳门、深圳、广州等资本市场和金融服务功能，合作构建多元化、国际化、跨区域的科技创新投融资体系。大力拓展直接融资渠道，依托区域性股权交易市场，建设科技创新金融支持平台。支持香港私募基金参与大湾区创新型科技企业融资，允许符合条件的创新型科技企业进入香港上市集资平台，将香港发展成为大湾区高新技术产业融资中心”。可见，健全科技投融资体系是促进科技与金融深度融合的重要举措，也是推动科技创新的重要保障。由于科创企业天生具备高科技、高风险、高收益、轻资产的特质，而客观上看，我国目前仍是以间接融资为主的相对传统的融资供给结构，融资压力仍是制约当前我国科创企业特别是中小微科创企业发展的核心问题，金融服务科技创新的体制机制仍需进一步优化完善。在此情况下，支持港澳投资机构参与投资知识城私募投资基金和创业投资基金，构建多元化、跨区域的科技创新投融资体系，将有利于充分发挥天使投资、风险投资、私募股权等创业投资力量对基础研究、应用研究、科技转化等创新活动的支持，支持创业投资机构深度参与企业发展和治理过程，为优质企业提供发展所需的知识、人才、专业技能等，提升企业经营水平，为科技成果孵化和转化提供更优的金融和资金保障。

第三十二条【中新合作1】

【原文】推进知识城在科技创新、产业发展、知识产权、人才培养、城市治理、营商环境等方面与新加坡开展合作，建立与国际高标准投资贸易规则相衔接的制度体系。

知识城管委会应当加快中新国际科技创新合作示范区建设，加大在全球战略性新兴产业、总部经济等方面的招商引资力度和资源投入。

【理解与适用】本条是关于知识城加强与新加坡全方位交流合作的规定。

《知识城总体发展规划》第五章第二节中提出，“营造有助于知识密集型产业发展的国际一流营商环境。对标世界银行营商环境评价指标体系，以新加坡、香港等一流营商环境经济体为标杆，创建国家级营商环境改革创新实验区，进一步改进优化市场准入、产权保护、政务服务、法治保障等方面的制度安排，加快建立与国际高标准投资贸易规则相衔接的制度体系，营造‘稳定、公平、透明、可预期’的国际化营商环境。深化‘相对集中行政许可权’改革试点，推进信用承诺制审批，提升行政服务效能。创新货物通关模式，提升贸易、投资自由化与便利化水平”。

《知识城总体发展规划》第六章第一节中提出，“深化与新加坡的科技创新和产业合作。推进知识城制度创新与政策创新。发挥新加坡在科技创新、产业发展方面的特色优势，依托腾飞广州科技园、中新国际联合研究院、新加坡国际制造创新中心、中新国际智慧产业园等标志性项目，重点开展新一代信息技术、人工智能、生物医药、新材料新能源等领域的科技合作研究和产业化。鼓励和引导新加坡企业、高校、科研院所建立高水平协同创新平台，加快中新国际科技创新合作示范区建设，加大双方在全球战略性新兴产业及总部经济方面的招商引资力度和资源投入，引导符合知识城发展方向的投资项目优先落户。扎实推进与新加坡在知识产权领域的合作。落实中国和新加坡政府间知识产权领域合作谅解备忘录中的相关事项，促进两国相应的知识产权机构和组织在知识城开展业务交流与合作，支持新加坡专利代理等服务机构试点设立常驻代表机构，在依法合规前提下，支持新加坡金融机构在知识城开展知识产权金融创新，打造‘国际知识产权创新服务中心’，进一步放开双边跨境知识产权服务领域。积极拓展与新加坡在人才培养领域的合作。以北京大学粤港澳大湾区知识产权发展研究院为基础，引入加州大学伯克利分校、新加坡知识产权学院等教育资源，创新知识产权人才培养模式，打造具有国际视野和较强实战能力的知识产权运营类高端人才输出基地。加强与新加坡知名大学和科研院所的教育合作，探讨按照对等互惠原则商签两国大学生实习交流项目协议，便利更多新加坡大学生到知识城创新创业。鼓励新加坡在知识城建设中学、大学、科研院所，打造知识城教育小镇，进一步扩大和深化人文交流合作。加强与新加坡在城市治理等领域的交流合作。借鉴新加坡城市建设、社会治理等成功理念和方法，加强生态文明、循环经济、环境研究、发展和治理等领域合作，推动人工智能运用和城市管理升级，共同打造具有可持续发展的和谐宜居智慧城市”。

目前，国际环境正面临深刻变化，国际政治、国际经济以及国际秩序、国际规则均面临着重大调整，我国经济、科技发展应当把握好即将到来的发展机遇。知识城在此阶段基于国际形势选择了新加坡作为深入合作发展的对象，与时俱进地推动全方位合作伙伴关系，围绕“一带一路”倡议和粤港澳大湾区建设等国家战略，揭幕我国新一轮的对外开放。通过进一步深化中新两国在科技创新、高端创造、知识产权、人才培养、城市治理、营商环境等重点领域的合作，同时探索建立与国际高标准投资贸易规则相衔接的制度体系和监管模式，是落实党的二十大报告提出的“稳步扩大规则、规制、管理、标准等制度型开放”这一重要论述的具体措施，将为我国企业参与国际竞争提供制度保障，并为我国参与国际经贸规则制定积累有利条件。同时，通过加快中新国际科技创新合作示范区建设，加大在全球战略性新兴产业、总部经济等方面的招商引资力度和资源投入，将有利于促进招商引资工作体系的完善，加大对全球战略性新兴产业投资的促进力度；通过进一步聚焦总部经济发展，加大先进制造业招商引资力度，以产业链高端化和技术创新为重点，鼓励跨国公司与国内企业合作，参与国内高新技术创新和应用，加快集聚外资企业地区总部和运营中心、结算中心等功能性机构，充分发挥其在跨国公司全球架构调整中提升作用的积极性，提高知识城的国际竞争力。

第三十三条【中新合作2】

【原文】知识城建立中新广州知识城智库，对标国际高端创新论坛，打造知识领域的国际化高端战略对话平台。

知识城应当加强与新加坡知名大学和科研院所的教育合作，为新加坡优秀大学生到知识城创新创业提供便利。

【理解与适用】本条是关于知识城与新加坡加强知识领域战略对话和教育合作的规定。

《知识城总体发展规划》第三章第三节提出，“完善有利于开放创新的体制机制。以中新国际联合研究院为支撑，创新研发成果转化的体制机制，加快建设科研中心和跨领域科技研究走廊。建立知识城智库，对标国际高端创新论坛，打造知识领域的国际化高端战略对话平台。以推动科技创新要素自由流动为重点，加速在知识产权和产权保护、营商环境、政府监管等方面的制度创新，提高科技创新体制的开放度和包容性，夯实全球创新要素集聚和扩散的基础性制度，推动形成‘走出去’和‘引进来’深度融合的开放创新局面”；第六章第一节中提出，“加强与新加坡知名大学和科研院所的教育合作，探讨按照对等互惠原则商签两国大学生实习交流项目协议，便利更多新加坡大学生到知识城创新创业”。本条将前述总体发展规划关于知识城智库建立以及知识城与新加坡知名大学、科研院所的教育合作的内容落实到了条例的具体规定当中。

本条第 1 款所述智库，通常是指由学者、专家等组成的研究机构或团体，通过对各种议题进行深入研究、提出政策建议以及为政府、企业和社会决策提供咨询和支持。这些智库通常在特定领域或多个领域具有专业知识和研究能力，为城市、国家甚至全球的发展提供战略性的建议和解决方案。知识城智库的建立，系为充分发挥智库专家在知识城科学决策、传递沟通信息、链接外部资源、培养输送人才、争取上级政策支持等方面的作用。在《知识城总体发展规划》第三章第三节中，对知识城智库的定位为与中新知识论坛、中新国际联合研究院、新加坡南洋理工大学研究生院、清华珠三角研究院并列的为知识城引才聚才的重要平台，众多平台的建立旨在推动科技创新的同时，配套适应科技创新的知识产权保护、营商环境、政府监管等方面的制度机制。知识城智库于 2019 年 7 月正式挂牌成立，由知识城合作事务办公室与广州开发区人才工作集团共建，以“政府主导、国企主办、市场运营”为运作原则，汇聚国内外著名专家搭建知识交流平台。该智库至今已承办多次沙龙、论坛活动，先后邀请中国经济体制改革研究会、广东省政协、海国图智研究院、中国自然资源经济研究院、广东省建筑设计研究院、广州市城市规划协会等多个单位、机构专家参与，针对科技创新与城市治理等重要议题提供了探讨、交流的平台。目前，该智库已形成包括但不限于《广东省经开区高质量发展研究》《中新广州知识城科技金融政策研究》《黄埔区 广州开发区经济高质量发展政策体系研究》《黄埔区 广州开发区城市更新改革创新政策研究》《广州科学城“五年大变化”行动计划》等重要研究成果。

知识城作为国家重要战略之一，其总体发展规划中明确指出了知识城要汇聚全球顶尖人才，引进国内外知名大学，培育世界级研发机构。2019 年以来，广东省先后出台了《省外高校在粤办学机构管理指引（试行）》《推进粤港澳大湾区高等教育合作发展规划》等政策，以引进省外高校办学、推进大湾区高等教育合作。知识城作为中国与新加坡国家级的双边合作项目，其在与国内外知名大学和科研院所的教育合作进程中，尤其重视与新加坡的教育合作，重点为新加坡优秀大学生到知识城创新创业提供便利，通过以点带面、以面带全的方式，以教育为契机加强两地的科技、经济、社会治理等层面的交流、合作、发展。2015 年 11 月，《中新国际联合研究院合作协议》得以签订，华南理工大学、新加坡南洋理工大学、知识城管委会、知识城投资开发有限公司共同建设成立中新国际联合研究院，该研究院于 2017 年 3 月注册落户中新智慧园，该研究院至今已引进多个高端科研团队，开展并取得了多项重要研究成果。2023 年 5 月，广州市人民政府、知识城管委会与新加坡国立大学正式签署合作协议，共同在知识城建设新加坡国立大学广州创新研究院，该研究院于 2023 年 9 月正式注册落地知识城。前述两个研究院的成立，标志着知识城与新加坡知名大学的教育合作正在快速、稳步开展。

在青年创新创业方面，2015 年知识城合资公司与新加坡创业行动社群在签署谅解合作备忘录后，双方共同建立了中新青年创新创业基地，该基地以政府引导、企业先行、市场运作为机制，以中新智慧园为运营载体，先后以研究院和研究生院的形式引进新加坡国立大学与新加坡南洋理工大学，同时引进新加坡恩士迅大湾区金融科技交付中心、新加坡能源集团（SP Group）等新加坡“国家队”企业和国内一批优秀的中小科技企业、机构，成功孵化出多家高科技企业，如新加坡科技局旗下广州来恩生物医药有限公司、新加坡 Star 3D 等。

第三十四条【“一带一路”开放合作】

【原文】支持知识城加强与“一带一路”沿线国家和地区开展交流合作，推动与东盟国家在园区共建、生物医药、教育卫生、文化旅游、生态环境保护等领域的合作。

支持在知识城搭建共建“一带一路”全面开放合作平台，建立健全科技创新合作机制。支持欧盟地区国家高端研究机构、企业在知识城设立研发中心或者分支机构。

【理解与适用】本条是关于知识城加强与“一带一路”共建国家和地区开展交流合作的规定。

本条第 1 款所述“一带一路”，是 2013 年 9 月和 10 月由国家主席习近平提出的建设“新丝绸之路经济带”和“21 世纪海上丝绸之路”合作倡议的简称，其合作范围覆盖亚欧非三大洲，旨在建立一个政治互信、经济融合、文化包容的利益共同体、命运共同体和责任共同体。截至 2023 年 6 月底，我国与 150 多个国家、30 多个国际组织签署了 230 多份共建“一带一路”合作文件。

《知识城总体发展规划》第六章第三节提出：“深化与‘一带一路’沿线国家和地区的交流合作。加强‘一带一路’框架下国际贸易、金融支撑等重点领域合作。共同建设境外经贸合作区，打造经贸合作新平台，创新投资贸易新模式。鼓励社会资本成立产业投资基金，按照市场化、商业化原则为竞争性产业领域项目提供资金支持，打造服务于‘一带一路’倡议的金融合作平台。定期主办企业交流活动和论坛，协助企业依托各自优势，合作承建一批能源、交通、电力等领域的重大建设项目。会同香港、澳门，携手新加坡，支持企业以市场为导向，在互利共赢的基础上开展国际经济技术合作，开展绿地投资、实施跨国兼并收购，带动装备、服务、技术、标准‘走出去’。借助香港、澳门在争议解决、管理咨询、项目策划、知识产权、金融、保险等国际化专业服务方面的优势，加快建立完善企业‘走出去’综合服务平台和风险监测预警机制，推进全球经贸工作网络建设。在知识城建设项目中试行香港工程建设管理模式，引入香港建设专业机构及人才提供服务，形成穗港合作建设范例。搭建共建‘一带一路’全面开放合作新平台。深化落实中国—东盟科技伙伴计划，开展与东盟国家的园区共建，探讨建立科技创新合作新机制，广泛推动与东盟国家在教育、卫生、文化、旅游、生态环境保护等领域的合作。积极参与中国—以色列科技合作，推动以色列生物医药、机器人、高端智能装备、人工智能等领域高技术产业合作项目在知识城孵化落地。深入推进与沙特的产能合作。支持欧盟地区国家高端研究机构、企业在知识城设立研发中心或者分支机构，鼓励双方科技研发机构和科技企业加强创新合作，重点围绕新一代信息技术、人工智能、生物医药、新能源和新材料等领域与欧洲企业开展项目合作。”由此可见，共建“一带一路”是知识城开放合作的重要内容。其中，根据粤港澳地区在“一带一路”倡议中的定位，知识城着力于与东盟国家在园区开展生物医药、教育卫生、文化旅游、生态环境保护等领域的合作以及和欧盟国家开展科技创新领域的合作。

“一带一路”倡议是共商共建共享的联动发展倡议，旨在建设利益共同体、命运共同体和责任共同体，而非中国的对外援助计划，但根据合作国家实际情况的不同，合作内容会有相应的差异。东盟国家基础发展薄弱，中国在与东盟国家按照“一带一路”倡议合作时，优先推进铁路、公路、水运、航空等基础设施项目的实施，提升东盟国家全方位互联互通合作水平，经由“一带一路”倡议多年的合作推进，东盟国家在这些基础设施层面上的发展已取得重大突破。现中国—东盟的共建合作已逐步进入新阶段，在继续推进基础设施建设的同时，逐步推进生物医药、教育卫生、文化旅游、生态环境保护等基础领域的发展，实现东盟国家的可持续发展。在这些合作的过程中，借由为东盟国家提供技术和服务，可以稳步增加中国的贸易输出，缓解中国经济转型期间产能过剩的问题，保障中国经济稳步增长。欧盟国家实体经济发展基础普遍较好，工业基础方面较为完备，早已完成向金融经济、科技经济的过渡，欧盟国家的科技资源、研发体系是我国经济转型所需的，借由“一带一路”倡议，本条第2款规定在知识城搭建共建“一带一路”全面开放合作平台，建立健全科技创新合作机制。支持欧盟地区国家高端研究机构、企业在知识城设立研发中心或者分支机构。加强我国与“一带一路”共建国家，尤其是欧盟等地区的发达国家的科技创新合作，让更多的高端研究机构、企业落户知识城，促进知识城的科技创新与经济发展。

第五章　服务与保障

第三十五条【许可便利化】

【原文】在知识城办理行政许可事项，实行一站式受理、信用承诺制审批、限时办结、跟踪服务等制度。

在知识城办理政策兑现事项，实行一门受理、集成服务、限时办结、免申即享等制度。

在知识城实行经营涉及的多项许可事项与营业执照一次申请、并联审批、限时办结。

【理解与适用】本条是关于知识城行政审批便利化的规定。

在改革开放初期，我国仍延续着计划经济时代的“强政府，弱社会”政社关系，这种政社关系受限于历史进程在改革开放初期尚未显示明显弊端，但其实际既不利于市场活力的迸发，也不利于政府管理效能的提升。随着我国市场经济的发展，原有的政社关系已明显落后于时代发展，2015年，“放管服”概念被首次提出，后中共中央《关于制定国民经济和社会发展第十四个五年规划和二〇三五年远景目标的建议》继续强调“深化简政放权、放管结合、优化服务改革”。持续深化“放管服”改革，优化营商环境，把惠企政策兑现作为助企纾困、激发市场主体活力的重要抓手，能够让政策红利更快速、高效、便捷地转化为企业发展红利。行政许可事项的一站式受理、信用承诺制审批、限时办结、跟踪服务等，以及政策兑现事项的一门受理、集成服务、限时办结、免申即享以及实行经营涉及的多项许可事项与营业执照一次申请、并联审批、限时办结等，均是出于为市场经营主体提供行政便利的考虑，通过简化受理条件、办理流程、办理期限等方式，减轻市场主体行政审批负担，以达到优化营商环境、吸纳外地企业、吸引新设企业、推动经济发展的目的。2019 年国务院公布了《优化营商环境条例》，条例提出“国家鼓励和支持各地区、各部门结合实际情况，在法治框架内积极探索原创性、差异化的优化营商环境具体措施”。《优化营商环境条例》第 36 条第 1 款规定：“政府及其有关部门办理政务服务事项，应当根据实际情况，推行当场办结、一次办结、限时办结等制度，实现集中办理、就近办理、网上办理、异地可办……”第 40 条第 3 款规定：“对实行行政许可管理的事项，行政机关应当通过整合实施、下放审批层级等多种方式，优化审批服务，提高审批效率，减轻市场主体负担。符合相关条件和要求的，可以按照有关规定采取告知承诺的方式办理。”上述规定为行政审批便利化及优化营商环境的具体措施提供了法律依据。随即《知识城总体发展规划》中第五章第二节提出，“营造有助于知识密集型产业发展的国际一流营商环境。对标世界银行营商环境评价指标体系，以新加坡、香港等一流营商环境经济体为标杆，创建国家级营商环境改革创新实验区，进一步改进优化市场准入、产权保护、政务服务、法治保障等方面的制度安排，加快建立与国际高标准投资贸易规则相衔接的制度体系，营造‘稳定、公平、透明、可预期’的国际化营商环境。深化‘相对集中行政许可权’改革试点，推进信用承诺制审批，提升行政服务效能。创新货物通关模式，提升贸易、投资自由化与便利化水平”。国务院《关于开展营商环境创新试点工作的意见》（国发〔2021〕24号）将广州市等6个城市列为首批营商环境创新试点城市，明确提出推行“涉企事项‘一网通办’、‘一照通办’，全面实行惠企政策‘免申即享’、快速兑现”。由此可见，自2019年来，我国中央与地方均认识到简化行政审批手续、提高行政效能对经济发展的必要性，降低行政对市场运转的干预，对市场经济适度放权。

本条第1款所述行政许可事项，是指根据法律法规，公民、法人或其他组织在特定条件下行使某项权利或从事某项活动，需要向政府申请并经过审批、核准、登记等程序后方可获得许可的事项。一站式受理，是指政府部门将相关的行政许可服务集中到一个窗口或平台，让申请人可以在同一个地方提交所需的材料和申请表格，方便高效地办理事务，减少了申请人的时间和精力成本。信用承诺制审批，是指对信用较好、记录良好、符合条件的申请人在申请行政许可时，可以通过申请人申报自身信用状况、充分展示自身诚信、承诺遵守相关法律法规等方式，简化政府审批程序或加快审批速度，提高审批效率，从而更好地激发社会主体的积极性和创造性。限时办结，是指政府对行政许可事项设定了明确的办理时限，确保在规定的时间内完成审批流程，避免因为行政审批周期过长导致申请人权利受损或影响正常生产经营活动。跟踪服务，是指政府在办理行政许可事项期间对申请进展进行跟踪和服务，向申请人及时提供审批进度信息，解答申请人可能遇到的问题，确保审批流程顺利进行。这些制度措施的实施旨在优化政府行政服务，简化办事流程，提高行政效率，更好地服务于社会和经济发展，营造良好的营商环境，增强政府和市民、企业之间的互信互利关系。

本条第2款所述政策兑现事项，是指政府或相关机构对于已经制定或承诺的政策、措施或利益，向符合条件的对象或群体提供具体的实质性支持或补偿。一门受理，是指政府或相关机构将针对某项政策兑现事项的申请集中到一个受理窗口或平台，让符合条件的对象能够方便地提交申请，避免因为信息不对称或不清晰而耽误申请进程。集成服务，是指为了简化申请流程和提高效率，政府将相关的服务、补贴或支持整合到一个申请平台或服务项目中，以便受益者可以一次性申请或享受多项服务或福利，减少重复提交资料的情况。限时办结，是指政府为政策兑现事项设定明确的办理时限，确保在规定的时间内完成审批或发放流程，保障受益者的权益，并避免长时间等待所带来的不便或损失。免申即享，是指针对符合政策兑现条件的对象，可以不需要主动提出申请即可享受到相关的政策支持或补贴，政府将通过数据匹配或其他方式自动识别符合条件的对象，主动向其提供相应的福利或服务。这些制度措施的实施旨在提高政策兑现的效率和便利度，减少受益者申请的复杂性和时间成本，保障受益者的权益，促进政策措施的有效实施和落地。

本条第3款所述实行的经营涉及的多项许可事项与营业执照一次申请、并联审批、限时办结的制度，旨在简化行政审批程序，减少审批环节，提高行政效率，对经营行业准入涉及多项行政许可事项的情况引入行业综合许可证的概念是为了整合、简化和优化许可程序。行业综合许可证，是指针对某个特定行业或领域，将涉及该行业经营准入所需的多项行政许可事项整合在一张许可证中，以便申请者能够更为便捷地一次性获得多项行政许可。例如，在传统的经营业务中，可能需要不同的行政许可证或许可手续，如营业执照、健康证、食品经营许可证等。综合性行政许可改革下，相关部门可以将这些许可证整合到一个行业综合许可证中，申请者只需递交一份申请，经过综合审批后即可获得涵盖多个许可事项的行业综合许可证，从而节省了时间和精力成本。这种制度有助于优化政府审批流程，简化申请人的操作程序，减少了重复性的审批环节，提高了行政效率，同时促进了市场的公平竞争，降低了创业和经营的门槛，鼓励了更多的企业家和创业者投入相关行业中来。

第三十六条【登记和申请便利化】

【原文】在知识城推动中新、粤港澳投资跨境商事登记实行全程电子化办理，以及粤港澳三地电子签名证书互认。

知识城管委会应当保障国家药品监督管理局药品和医疗器械审评检查服务窗口在知识城开展业务，为企业申请药品医疗器械注册提供便利服务。

【理解与适用】本条是关于知识城推动中新、粤港澳商事登记电子化及其证书互认以及药品医疗器械注册便利化的规定。

立足于“一带一路”倡议和粤港澳大湾区建设的规划要求。

广东省人民政府《关于印发〈中新广州知识城总体发展规划（2020—2035年）〉的通知》强调"中新广州知识城是粤港澳大湾区建设的重大创新载体之一，是我国与新加坡共同打造的国家级双边合作项目和国际化知识创新平台"。与此同时，《知识城总体发展规划》第六章明确要求"以推动高水平开放合作为目标，拓展对外开放领域，提高协同发展水平，探索合作共赢模式，把知识城打造成为中新两国与时俱进的全方位合作伙伴关系新典范，成为'一带一路'建设和粤港澳大湾区建设的重要平台载体"。

开办企业是投资兴业的第一道关。在商事登记领域，投资者为办理登记业务而来回奔波将增加支出成本，导致企业落户的来回跑动时间长、成本高、效率低，严重影响企业落户。以知识城为试点，重点探索推动中新、粤港澳投资跨境商事登记实行全程电子化办理以及粤港澳三地电子签名证书互认，是为企业商事登记减跑动、优流程、提效率、实现"零见面"办理的重要举措，也是贯彻落实总体发展规划的重要内容，将进一步提升新加坡、港澳投资者准入和投资兴业便利度，推进"一带一路"倡议和粤港澳大湾区建设。一方面，依托广州市开办企业"一网通"系统，目前可实现部分港澳自然人投资者跨境商事登记全程电子化以及电子签名证书互认，实现商事登记全流程"零见面"。另一方面，黄埔区市场监管局牵头与国有投资招商公司、商业银行，创新形成"政银企"三方合作机制，搭建立体化的商事登记"跨境通"平台，实行企业落户"一站代办"、商事登记"审前服务、秒批即办"、银行开户"视频认证"等举措；通过"政银企”合作、“全链条”优化，将投资者委托代理、提交申请、跨境流转、商事登记、银行开户“全流程”办理时间从平均45天压缩到9天以内，将服务方式从本人跨境现场办理转变为“足不出境”就可完成，服务范围涵盖新加坡和我国香港地区、我国澳门地区等地投资者，为外商投资者落户黄埔降本增效。据了解，落实推动中新、粤港澳投资跨境商事登记及粤港澳三地电子签名证书互认还需要上级公安等部门支持。接下来，广州市黄埔区市场监管局将继续积极争取上级部门支持，在上级市场监管部门与公安部门的支持下，争取推动中新、粤港澳跨境商事登记全程电子化，扩大港澳投资者电子签名证书互认范围。

知识城重点规划发展生物医药产业，为便于知识城企业申请药品医疗器械注册，知识城积极沟通对接国家药品监督管理局，在知识城开设药品和医疗器械审评检查服务窗口。2020年9月21日，相关负责人在广州市人民政府《关于提请国家药监局粤港澳大湾区药品医疗器械检查审评中心落户广州的请示》上作出肯定性批示；2020年9月，《知识城总体发展规划》提出，“探索设立国家药品监督管理局粤港澳大湾区药品和医疗器械审评检查中心的服务窗口，为相关企业申请药品医疗器械注册提供便利性服务”；随后经由广东省人民政府申请，国家市场监管总局等部门于2020年9月印发《粤港澳大湾区药品医疗器械监管创新发展工作方案》，以加快国家药品监督管理局药品和医疗器械审评检查大湾区分中心建设为重点任务，让大湾区分中心作为国家药品监督管理局药品和医疗器械审评中心的派出机构，主要承担协助国家药品监督管理局药品和医疗器械审评机构开展审评事前事中沟通指导及相关检查等工作，建立审评审批的便捷机制。

本条明确知识城相应的登记和申请便利化制度具有重要意义。一是能够优化营商环境，大幅提升新加坡、港澳投资者在知识城投资创业的便利化水平，提高广东省投资环境的开放度、便利度和优势性，对增强营商环境竞争力和投资吸引力、加快产业链和经济发展恢复速度起到重要促进作用，为推动形成全面开放新格局提供更加有力的法律保障。二是能够助力全面深化合作，助力知识城加速产业集聚、引资引技引智，深化中新、粤港澳合作，形成新格局下经济合作和竞争的新优势。三是可以最大限度减少投资创业、商事登记、资质许可等过程中的时间成本，尤其可以优化知识城生物医药企业申请药品医疗器械注册的审批程序。

第三十七条【公共服务】

【原文】知识城管委会应当创新公共服务方式，加强与新加坡交流互鉴，根据需要规划建设功能齐全、服务完善的社区中心、邻里中心和街坊中心三级居民生活圈，为居民提供优质的法律、教育、医疗、卫生、文化、体育、交通、就业培训、社会保障等公共服务，建设国际化知识社区。

【理解与适用】本条是关于知识城公共服务模式和要求的规定。

回首改革开放四十余年的历程，尽管我国城市规模得到快速发展，但城市公共服务体系的建设仍待完善，非核心城市普遍存在公共服务功能欠缺、级差不明、规划预留不足等问题，在城市发展的中后期可能出现公共服务配套不足、欠缺发展后劲的情况。知识城作为国家着力打造的具有全球影响力的国家知识中心，在发展经济、科技创新的同时，为实现城市的可持续发展，为留得住人才、留得住企业，应当创新城市公共服务能力的建设。《知识城总体发展规划》第二章第二节提出知识城发展的基本原则之一为“以人为本、生态优先。按照绿色、智能、创新理念，推广绿色低碳的生产生活方式和城市建设运营模式，构建全域智能化环境，打造以人为本、全时空服务的智能社区，营造平等和谐的文化氛围，使人才的获得感、幸福感、安全感更加充实、更有保障、更可持续”。因此，坚持以人为本，发展完备、优质、创新的公共服务体系，是知识城发展、建设的重要工作目标。新加坡作为发达国家，其已建立相对完备、科学的城市公共服务体系，其所构建的包括住宅区、商业区、教育设施、公共交通系统以及各种休闲娱乐设施集成的“新镇”功能分区建设理念对知识城具有重要参考意义。此外，公共交通和卫生医疗是基础的公共服务内容之一，而新加坡以“贴心”和“以人为本”著称的公共交通基础设施以及精细化管理的社区卫生服务体系，亦对知识城具有重要借鉴意义。

《知识城总体发展规划》第八章第一节提出：“强化公共服务配套体系。借鉴新加坡发展模式，建设知识城特色商圈，建设功能齐全、服务完善的社区中心、邻里中心和街坊中心三级生活圈，建设国际一流水平的配套设施。提升知识城文化品味，高质量配置城市图书馆、艺术馆、博物馆等设施，增加艺术氛围。积极辐射服务周边地区，打造广州市中部地区的区域公共服务中心。完善区域内消防救援站点等公共安全基础设施和应急救援力量体系建设。”其中，“社区中心、邻里中心和街坊中心三级生活圈”的概念在《河北雄安新区规划纲要》同样有体现，《河北雄安新区规划纲要》对三级生活圈的配置构成提出，“社区中心配置中学、医疗服务机构、文化活动中心、社区服务中心、专项运动场地等设施，形成15分钟生活圈。邻里中心配置小学、社区活动中心、综合运动场地、综合商场、便民市场等设施，形成10分钟生活圈。街坊中心配置幼儿园、24小时便利店、街头绿地、社区服务站、文化活动站、社区卫生服务站、小型健身场所、快递货物集散站等设施，形成5分钟生活圈”。该三级居民生活圈概念提出的公共服务标准兼具科学性和人文关怀，综合考虑教育、医疗、体育、生活需求，满足居民生活的方方面面。《知识城总体发展规划》在借鉴上述三级生活圈概念的同时，提出了“全面打造15分钟基层医疗服务圈，实现基层医疗卫生机构标准化达标率100%”，对城市医疗公共服务提出了更高的要求。

国际化知识社区概念系由知识城项目首次提出。基于打造高水平对外开放新平台的发展方向，知识城必然会吸纳大量国际人才，为持续吸纳国际人才、留得住国际人才，建设国际化社区势在必行。国际化知识社区的创建需要立足国内外知识型人才的需求，因此，法律、教育、医疗、卫生、文化、体育、交通、就业培训、社会保障等领域的公共服务要做到与国际接轨，围绕生活舒适度、便捷性、科技化等要素建设居民生活社区。

第三十八条【智慧服务】

【原文】知识城管委会应当推动构建智能基础设施体系，建立城市数据资产管理体系，健全城市智能安全网络，规划建设智慧政务、智慧交通、智慧城管、智慧卫生、智慧教育、智慧社区等重点工程，推进数字知识城建设。

省人民政府及其有关部门、广州市人民政府及其有关部门应当在政务服务事项办理程序规范、业务系统权限调整、数据共享等方面给予知识城管委会支持。

【理解与适用】本条是关于知识城推进城市数字化建设与智慧服务的规定。

本条规定了知识城在智能基础设施建设和数字化发展方面的具体措施，包括推动智能基础设施、城市数据资产管理、智慧安全网络等建设，以及规划建设智慧政务、智慧交通、智慧城管、智慧卫生、智慧教育、智慧社区等重点工程，推进数字化知识城的建设。同时，明确省市人民政府及其有关部门应对知识城在政务服务、数据共享等方面提供支持。

本条第1款所述智能基础设施体系是智慧城市的重要组成部分，主要包括以下四个方面：（1）城市通信管网、高速宽带、通信机房、数据中心等基础环境建设；（2）以光纤企业、无线园区、三网融合为主的城市高速信息化道路网络建设；（3）便民基础设施建设，包括覆盖城市的物联网终端，集“一站式”缴费、市民卡自助存值查询、交通导航、综合信息查询、城市形象展示等于一体的便民服务信息亭；（4）基于信息安全评估、灾难备份中心等信息安全的基础设施建设。依据《知识城总体发展规划》第七章第三节，构建智能基础设施体系的主要内容包括，“建设智慧给排水、智慧电力设施，对交通灯、道路标识、照明、雨水收集系统、污水管网、供水管网、供电系统、河涌、井盖、绿化带等公用设施运行数据进行监测，实时、动态地掌握城市运行状态，形成发现、上报、交办、整改、反馈的全闭环管控，实现全面的感知、智能的控制、广泛的交互和深度的融合，构建智慧城市的神经末梢网络。结合城市功能需求，建设干线、支线和缆线管廊等多级网络衔接的智慧综合管廊系统”。知识城管委会将推动建设智能基础设施，包括信息技术、通信设施等，以支持数字化和智能化发展。这将有助于提升城市的信息化水平，为智慧服务提供支撑。

本条第1款所述城市数据资产管理体系是智慧城市建设的重要趋势。城市数据资产是智慧城市信息资源的重要组成，智慧城市系统中的信息资源包括两类：一类是城市范围内的基础信息资源，对接上级城市的基础数据库；另一类是城市各部门的业务数据，按应用分类，形成主题应用的信息资源。城市数据资产管理体系的建立将助推知识城通过信息资源共享平台实现信息资源与园区外相关单位的共享与交流。依据《知识城总体发展规划》第七章第三节，建立城市数据资产管理体系的主要内容包括，“构建透明的全量数据资源目录和数据资源开放共享管理体系。建设安全可信的网络环境，建立安全态势感知、监测、预警、溯源、处置网络系统，打造全时、全域、全程的网络安全态势感知决策体系，加强网络安全等级保护、网络与信息安全通报等相关制度建设。推进数字化便民服务体系建设。开展楼宇智能化工作，建设‘互联网+’智慧小区，为居民提供更加安全、便利、舒适的生活环境”。

本条第1款所述城市智能安全网络的建设，是应对伴随新型智慧城市建设不断深入推进产生的日趋复杂的网络安全风险趋势的应然选择。城市空间是网络空间与实体空间相融合的空间，随着城市空间信息化、网络化、智能化的程度不断加深，城市的网络空间不断延伸与扩大，且与实体空间逐步形成了数字孪生的关系，空间内的身份、行为、作用对象等各种要素相互映射和影响。当前，网络安全事件不断增多，破坏力不断上升，网络空间安全风险不断向实体空间蔓延，极大增加了通过网络影响和破坏现实世界的安全风险。依据《网络安全法》《数据安全法》等法律法规和标准规范要求，知识城应树立网络安全底线思维，强化智慧城市网络安全顶层设计和统筹规划，践行智慧城市安全与发展同步规划、同步建设、同步运行的原则。在条件成熟时，知识城可以打造全局化、集约化的新型智慧城市网络安全整体保障能力，构建网络安全基础设施和基础资源库，强化事前检测预防、事中监测应急、事后溯源恢复能力建设，实现安全态势全局感知、安全数据全程打通、安全风险全面分析、安全事件全方位应对。根据《知识城总体发展规划》第七章第三节，为了健全城市智能安全网络，知识城可利用北斗时空云平台、城市三维基础数据库，打造信息化、体系化、专业化的防灾减灾系统，高标准建设智能化社会治安防控体系，切实提高防范、打击违法犯罪和应对处置突发公共事件等方面的能力；同时健全综合应急体系，完善应急指挥救援系统，建立安全生产、市场监管、应急保障、环境保护、治安防控、消防安全、道路交通等部门公共数据资源共享机制。

本条第 1 款所述重点工程是知识城进行智慧运营与提供智慧服务的重要构成。智慧运营主要围绕城市管理和社区治理开展智慧服务建设，智慧政务、智慧交通和智慧城管是维持知识城智慧运营的核心手段；智慧卫生、智慧教育、智慧社区等工程是知识城为居民提供智慧服务的重要依托。依据《知识城总体发展规划》第七章“按照智能、创新要求，规划建设智慧交通、智慧城管、智慧卫生、智慧教育、智慧社区等重点工程，全面推进信息多领域应用”的要求，以上重点工程的建设将助力知识城实现城市的智能化发展，提升居民生活质量和城市管理效率。

本条第 1 款所述数字知识城的建设是智慧服务的总体目标。依据《知识城总体发展规划》第七章第三节的要求，推动数字知识城建设主要包括构建智能基础设施体系、建立城市数据资产管理体系、健全城市智能安全网络。通过这些智慧服务措施，助推知识城实现城市数字化、智能化的目标，为居民和企业提供更加便捷、智能的公共服务，推动城市的创新和发展。

本条第 2 款规定知识城在政务服务事项办理程序规范、业务系统权限调整、数据共享等方面将得到广东省人民政府、广州市人民政府及其有关部门的支持。这将有助于推进智慧服务的实施和发展。国务院办公厅于 2018 年 6 月印发的《进一步深化“互联网 + 政务服务”推进政务服务“一网、一门、一次”改革实施方案》，提出了“以整合促便捷，推进线上‘一网通办’”“以集成提效能，推进线下‘只进一扇门’”“以共享筑根基，让‘数据多跑路’”的政务服务要求，而知识城智慧服务的实施和发展离不开省市两级人民政府及相关部门的支持。推动政务服务“一次登录、全网通办”，切实提高政务服务事项网上办理比例，原则上广东省人民政府、广州市人民政府及其有关部门政务服务事项均应纳入网上政务服务平台办理，为知识城开通相应业务系统权限，对委托下放给知识城行使的相关管理权限，由知识城管委会及相关部门按照国家、省、市政务服务平台相关标准规范组织实施。根据推进审批服务标准化有关要求，实现政务服务同一事项、同一标准、同一编码。相关部门应当依托一体化在线政务服务平台，完善统一身份认证、电子支付，共享交换信息，健全电子证照、空间地理、自然资源、信用信息等数据库，推进电子证照、电子印章、电子签名等智能应用，实现全事项全要素全过程自动归集、互联共用、智能分析、全程监督。拓展网上办事广度和深度，延长网上办事链条，实现从网上咨询、网上申报到网上预审、网上办理、网上反馈的“应上尽上、全程在线”，为群众提供便利化服务。推进一企一档建设，为企业提供精准化、智能化政务服务，但法律、法规另有规定或者涉及国家秘密、公共安全等情形的除外。对可以实现网络共享的材料、通过网络核验可以获取的信息以及前端流程已经收取的材料，相关部门不得要求重复提交。通过这些智慧服务措施，知识城将实现城市数字化、智能化的目标，为居民和企业提供更加便捷、智能的服务环境，推动城市的创新和发展。

第三十九条【财政保障】

【原文】省人民政府、广州市人民政府应当加大财政支持力度，支持知识城经济社会建设发展。

支持知识城管委会通过股权投资、政府投资基金等方式，带动社会资本投资知识城建设发展。

【理解与适用】本条是关于知识城建设发展财政保障的规定。

本条第 1 款规定了广东省人民政府、广州市人民政府对加大知识城建设财政支持力度方面的责任。为了进一步在政策支持和创新驱动上下功夫，广东省人民政府、广州市人民政府延长对知识城的专项补助政策，并将资金的使用范围扩大至开发建设、科技创新、招商引资、城市管理、民生保障等领域，支持知识城重大项目建设，推动知识城高质量发展，做优做强，加快建设知识经济新高地，全力打造中新合作新典范。根据《中新广州知识城“十四五”发展规划（2021—2025 年）》第一章所述“十三五”时期知识城发展取得的“政策赋能高质量发展，发展优势集聚动能”的成就，国家和省、市全力支持知识城高质量发展，量身定制独特的支持政策。2017 年，《推进知识城知识产权改革试验三方合作框架协议》得以签署，推进《广东省中新广州知识城条例》立法工作，研究制定支持知识城的具体政策措施，对知识城建设的国家、省重大科技基础设施项目优先给予专项资金支持，鼓励其对标国际高标准投资贸易规则，加快复制推广中国（广东）自由贸易试验区改革试点经验，把知识城打造成为广东省经济转型的样板。中共广州市委、广州市人民政府审议通过中共广州市委、广州市人民政府《关于落实〈中新广州知识城总体发展规划（2020—2035 年）〉的若干意见》，提出把知识城建设作为“一号工程”，举全市之力打造广州市科技创新轴的“北极点”。

本条第 2 款规定知识城可以通过股权投资、政府投资基金等方式，吸引社会资本参与知识城的建设和发展。这有助于增加知识城建设资金来源，促进知识城的快速发展。依据《知识城总体发展规划》第三章第一节，知识城集聚全球科技创新要素，需要加大科技创新资金投入。强化资本市场对科技创新的支持，鼓励符合条件的战略性新兴产业的企业发债融资，支持为企业创新活动提供股权和债权相结合的融资方式，鼓励社会资本设立战略性新兴产业发展基金和投资基金。支持股权投资管理机构、创业投资管理机构在知识城内发起、管理人民币股权投资和创业投资基金。鼓励天使投资、创业投资等风险投资机构在知识城内开展业务。持续稳定支持高水平的基础和应用基础研究，构建多元化联合资助体系。依据《中新广州知识城“十四五”发展规划（2021—2025 年）》第四章第三节的规定，优化源头创新环境是营造良好创新生态的重要内容，而优化源头创新环境需要创新资金支持方式。除了通过部署一批“悬赏式”“揭榜挂帅式”项目，还可以创新“政府 + 社会”投资和风险分担机制，建立原始创新风险资金池，支持前沿应用技术项目转化或成立企业。作为大湾区唯一的国家级国际合作平台、省重大创新载体，知识城在开发建设的爬坡阶段、攻坚时期，还存在一些困难。一方面，知识城尚未形成规模产出，生物医药、新一代信息技术等战略性新兴产业仍处于培育期，形成产出效益的周期较长；另一方面，国内外城市竞争日趋激烈，抢占创新资源、高端人才、优质产业项目正处于关键期，保持高水平高质量的开发建设需要更高强度的资金投入，仅靠区级财力难以支撑其高定位、高标准建设要求，需要依靠省市区三级资金共同投入。同时，积极向其他地区借鉴学习先进经验，通过股权投资、政府投资基金等方式，带动社会资本投资知识城建设发展。

第四十条【规划保障】

【原文】知识城管委会应当依据上级国土空间规划和知识城总体发展规划，组织编制知识城国土空间规划和相关专项规划，依照法定程序报批。

经批准的相关规划，应当严格执行，未经法定程序不得修改。

【理解与适用】本条是关于知识城发展规划保障的规定。

《土地管理法》（2019 修正）第 18 条第 1 款规定："国家建立国土空间规划体系。编制国土空间规划应当坚持生态优先，绿色、可持续发展，科学有序统筹安排生态、农业、城镇等功能空间，优化国土空间结构和布局，提升国土空间开发、保护的质量和效率。"

本条所述国土空间规划，是指在国家层面对国土空间资源进行合理配置、统筹利用和保护的规划工作。国土空间规划涉及整个国家范围内土地利用、城乡布局、自然资源保护、生态环境治理等方面，旨在实现国土空间开发的协调、可持续和高效利用。国土空间规划的实施有助于合理利用土地资源，促进城乡协调发展，提升经济效益和社会效益，保障生态环境和资源的可持续利用，促进国土空间资源的优化配置和提升国家整体竞争力。

本条所述专项规划，是指政府机构在特定领域或特定范围内进行的、针对特定问题或任务的详细规划方案。专项规划是为了解决某一具体领域的发展、改革或问题解决而制定的，通常由政府相关部门或机构负责组织制定、实施和监督。专项规划可以涉及多个领域。例如，城乡规划包括城市总体规划、城市设计规划、乡村振兴规划等，着眼于城市和乡村的发展布局、基础设施建设、环境保护等方面。生态保护与修复规划专注于保护和修复生态系统、生物多样性，预防自然资源过度开发和环境恶化。自然资源规划包括土地利用规划、矿产资源开发规划、水资源利用规划等，以合理配置和利用自然资源。交通运输规划涉及公路、铁路、航空、水路等交通基础设施建设和布局规划，以及城市交通规划等。产业发展规划包括经济产业布局规划、区域经济发展规划等，指导产业发展和资源配置。农业规划涵盖农业种植结构、农田水利、农村资源保护等方面的规划。此外，有经济发展规划、环境保护规划、教育发展规划、科技创新规划、社会保障规划等。建立国土空间规划体系并监督实施，实现"多规合一"是中共中央、国务院作出的重大战略部署。随着国土空间规划体系的建立和实施，土地利用总体规划和城乡规划将不再单独编制和审批，最终将被国土空间规划所取代。知识城管委会在知识城行使广州市人民政府相应的行政管理权，依法有权组织编制知识城经济和社会发展规划、国土空间规划以及相关专项规划。故本条第 1 款明确知识城国土空间规划和相关专项规划的编制主体为知识城管委会，同时明确知识城国土空间规划和相关专项规划的编制需遵循上级国土空间规划和知识城总体发展规划。

《土地管理法》（2019 修正）第 18 条第 2 款规定：“经依法批准的国土空间规划是各类开发、保护、建设活动的基本依据。已经编制国土空间规划的，不再编制土地利用总体规划和城乡规划。”《城乡规划法》（2019 修正）第 7 条规定：“经依法批准的城乡规划，是城乡建设和规划管理的依据，未经法定程序不得修改。”本条第 2 款的规定，旨在强调国土空间规划在经批准后应当得到严格执行，也强调了规划的修改必须依照法定程序进行。知识城国土空间规划和相关专项规划一旦经过有权机关批准，一方面，相关部门应当严格按照规划的内容和要求执行，不能擅自偏离规划要求，这将确保规划的执行效果和规划的统一性；另一方面，规划的修改必须遵循法定程序，如需要履行合规审批、公开征求意见、听取专家意见等程序。未经法定程序，任何个人或机构都不能擅自对规划进行修改。

第四十一条【用林用地保障】

【原文】省人民政府、广州市人民政府优先支持知识城重点建设项目用林需求。

知识城推行清单制方式出让产业用地，按照国家和省的规定探索二三产业混合用地供给。

知识城产业用地采取差别化使用年限模式供给。对可以利用标准厂房生产的工业项目，原则上购买或者承租标准厂房；确需购置土地自行建设的，可以采用先租赁后按照弹性年限出让或者直接按照弹性年限出让模式供地。支持知识城拓展产业发展空间，按照有关规定和程序给予知识城预支存量建设用地奖励指标。

【理解与适用】本条是关于知识城建设用地保障的规定。

根据《土地管理法》（2019 修正）第 4 条“国家实行土地用途管制制度。国家编制土地利用总体规划，规定土地用途，将土地分为农用地、建设用地和未利用地。严格限制农用地转为建设用地，控制建设用地总量，对耕地实行特殊保护。前款所称农用地是指直接用于农业生产的土地，包括耕地、林地、草地、农田水利用地、养殖水面等；建设用地是指建造建筑物、构筑物的土地，包括城乡住宅和公共设施用地、工矿用地、交通水利设施用地、旅游用地、军事设施用地等；未利用地是指农用地和建设用地以外的土地。使用土地的单位和个人必须严格按照土地利用总体规划确定的用途使用土地”和第 44 条“建设占用土地，涉及农用地转为建设用地的，应当办理农用地转用审批手续。永久基本农田转为建设用地的，由国务院批准。在土地利用总体规划确定的城市和村庄、集镇建设用地规模范围内，为实施该规划而将永久基本农田以外的农用地转为建设用地的，按土地利用年度计划分批次按照国务院规定由原批准土地利用总体规划的机关或者其授权的机关批准。在已批准的农用地转用范围内，具体建设项目用地可以由市、县人民政府批准。在土地利用总体规划确定的城市和村庄、集镇建设用地规模范围外，将永久基本农田以外的农用地转为建设用地的，由国务院或者国务院授权的省、自治区、直辖市人民政府批准”的规定，建设项目如果使用林地，需要依法办理林地转用手续。

根据《森林法》（2019 修订）第 36 条“国家保护林地，严格控制林地转为非林地，实行占用林地总量控制，确保林地保有量不减少。各类建设项目占用林地不得超过本行政区域的占用林地总量控制指标”和《建设项目使用林地审核审批管理办法》（2016 修改）第 3 条第 2 款“建设项目使用林地实行总量控制和定额管理”的规定，我国建设项目使用林地实行总量控制和定额管理，每年定额由国家林业和草原局下达至各省。2021 年印发的《广东省强化资源要素支撑 全力推进省重大项目开工建设的工作方案》提出“省重大项目按规定优先争取使用国家土地利用年度计划指标，符合条件的省重大产业项目可使用或预支省指标，确有不足的，积极向国家申请解决。符合条件的省重大项目所需林地定额由省统筹，确有不足的，积极向国家申请解决。省重大项目涉及占用耕地的，补充耕地指标应由项目所在地级以上市优先在市域内统筹解决；市域内指标不足的，通过跨地级以上市购买补充耕地指标、向省购买水田指标等方式解决；仍无法解决的，可向国家申请购买跨省域补充耕地国家统筹指标。地级以上市补充耕地指标充足却不用于本行政区域内省重大项目建设的，省自然资源厅可直接调拨其市域内指标用于省重大项目落实占补平衡，后续费用偿付、指标归还等事宜由省指导地级以上市协调处理。（责任单位：各地级以上市人民政府，省自然资源厅、发展改革委、交通运输厅、林业局及其他有关行业主管部门）”。

考虑到知识城经济社会发展用地需求量大、面广，为支持知识城的建设发展，本条第 1 款规定广东省人民政府、广州市人民政府优先支持知识城重点建设项目用林需求。

本条第 2 款所述清单制方式出让产业用地，是指在产业用地供应前开展多方面的评估工作和普查，以形成评估结果和普查意见清单，并在土地供应时提供给用地单位。国务院《关于开展营商环境创新试点工作的意见》（国发〔2021〕24 号）附件 1《首批营商环境创新试点改革事项清单》第 21 项“推进社会投资项目‘用地清单制’改革”即提出“在土地供应前，可开展地质灾害、地震安全、压覆矿产、气候可行性、水资源论证、水土保持、防洪、考古调查勘探发掘等评估，并对文物、历史建筑保护对象、古树名木、人防工程、地下管线等进行现状普查，形成评估结果和普查意见清单，在土地供应时一并交付用地单位。相关单位在项目后续报建或验收环节，原则上不得增加清单外的要求。改革后，相关单位提升评估的科学性、精准性及论证深度，避免企业拿地后需重复论证。同时，当项目外部条件发生变化，相关单位及时对评估报告等进行调整完善”。《广东省进一步深化营商环境改革 2019 年工作要点》第 10 条规定，“推行‘用地清单制’。推广广州市‘用地清单制’经验做法，对于社会投资项目，土地出让前，在由自然资源部门牵头组织开展用地红线范围内地质灾害、地震安全、压覆矿产、气候可行性、水土保持、防洪、考古调查勘探等事项评价或评估基础上，组织各行业主管部门、公共服务企业结合出让土地的普查情况，及报建或验收环节必须遵循的管理标准提出土地资源评估指标和技术控制指标管理要求清单；土地出让时，将土地资源评估指标和技术控制指标管理要求清单一并交付用地企业；企业取得用地后按上述指标和要求开展项目报建工作，不再办理用地红线范围内供水排水工程开工、道路挖掘、市政设施移动改建、临时占用绿地等审批手续，便利项目落地。（责任单位：省自然资源厅、省住房城乡建设厅、各地级以上市政府）”。为精简企业拿地后的行政审批事项，缩短项目取得用地后的动竣工时限，提高土地使用效率，降低土地闲置风险，本条第 2 款规定知识城推行清单制方式出让产业用地。

二三产业混合用地，是指在同一片土地上，规划用途同时包含第二产业（工业）和第三产业（服务业），实现两种产业的共存和协同发展的土地利用方式。这种土地利用方式不再将工业区和商业或服务业区划分为独立的区域，而是将工业和服务业的功能整合在同一片土地上。二三产业混合用地的方式可以促进不同产业之间的合作与创新，提升土地的综合利用效率，为企业提供更多元的发展空间，也有助于形成更为多元化、完善的城市功能布局。《关于深化工业用地市场化配置改革若干措施》第 12 条规定："推动二三产业融合发展。同一土地使用权人相邻多宗国有工业用地可统一规划布局、适度集中建设生产服务、行政办公、生活服务设施，生产服务、行政办公、生活服务设施用地面积和建筑面积分别占总用地面积、总建筑面积的比例可不减少，但不得单独分割转让、抵押。对融合研发、创意、设计、中试、检测、无污染生产等创新功能的新型产业用地，其配套行政办公、生活服务设施建筑面积应控制在总建筑面积的 30% 以内，且不得单独分割转让、抵押，并应当将此要求在土地有偿使用合同或补充协议中作出明确规定，在不动产登记簿和不动产权证上予以注记。探索以招标拍卖挂牌方式供应包含工业用途与其他产业用途（不包括商品住宅）的混合用地，其中工业建筑面积占比不得低于50%。”故本条第2款还规定，知识城探索推进二三产业混合用地供给。

本条第3款所述产业用地实行差别化使用年限供应，是指根据不同的产业用地性质、功能和需求，在土地供应过程中对不同类型的产业用地使用年限进行灵活调整和区分，以满足不同产业领域和不同类型项目的实际需求。通常情况下，用地的使用年限是指土地使用权取得后可以合法使用的年限。差别化使用年限供应可以根据不同土地用途和产业项目特点，对使用年限进行区别对待，这种差异性体现在以下几个方面：（1）用地性质的差异。对于不同性质的用地，如商业用地、工业用地、居住用地等，可以根据其特点设定不同的使用年限。（2）项目需求的差异。针对特定项目的需要，可以根据项目的特殊性、投资规模、发展周期等因素，灵活确定使用年限。（3）政策导向的差异。依据相关政策和规定，对于不同政策导向下的用地项目，可能会规定不同的使用年限要求。（4）区域规划和发展的差异。不同地区的土地资源、经济发展水平和规划需求可能存在差异，因此在不同地区可能会对使用年限进行差别化设置。差别化使用年限供应可以更好地满足不同领域、不同项目的实际需求，有利于优化土地资源配置，提高土地利用效率，并且能够更加灵活地应对不同行业、不同类型用地的发展需求，促进土地资源的合理利用。根据自然资源部《关于完善工业用地供应政策支持实体经济发展的通知》（自然资发〔2022〕201 号）的规定，先租后让，是指供地方供地时设定一定期限的租赁期，按照公开程序确定国有建设用地使用权人，先以租赁方式提供用地，承租方投资产业用地项目达到约定条件后再转为出让的供应方式。先租后让租赁期一般不超过 5 年。弹性年期出让，是指整宗土地以低于工业用地法定出让最高年限 50 年出让的供应方式。考虑到产业具有一定生命周期与发展规律，本条第 3 款规定知识城产业项目用地实行差别化使用年限供应原则。同时，考虑到土地资源的集约使用，也为了加快产业项目的尽快落地投产（运营），本条第 3 款还规定对于可以利用标准厂房生产的工业项目，原则上购买或者承租标准厂房；确需购置土地自行建设的项目，可以采用先租赁后按照弹性年限出让或者直接按照弹性年限出让模式供地。此外，为支持知识城拓展产业发展空间，且考虑到广东省发展改革委《关于广州市黄埔区（广州高新区、广州开发区）创建省营商环境改革创新实验区第二批省级支持事项的通知》（工作文件，2019 年 9 月 27 日施行）明确对广州市黄埔区、广州开发区建设项目用林需求优先支持、预支存量建设用地奖励指标，本条第 3 款直接规定按照有关规定和程序给予知识城预支存量建设用地奖励指标。

第四十二条【基础设施保障】

【原文】省人民政府应当加大对知识城轨道交通、快速公路等重大公共基础设施建设的政策支持力度。省人民政府发展改革、交通运输等主管部门在基础设施以及其他公共服务配套设施规划中，统筹建设知识城与周边地区以及粤港澳大湾区主要城市之间的快速直达交通干线，实施高快速轨道交通、管网综合同步建设，使其相互衔接。

知识城管委会打造多层次雨洪调蓄利用系统，高标准建设排水系统，全面推进海绵城市建设。

【理解与适用】本条是关于知识城基础设施、配套设施保障的规定。

本条第1款强调广东省人民政府应当加大对知识城以轨道交通、快速公路为代表的重大公共基础设施建设的政策支持。《知识城总体发展规划》第七章第一节“构建便捷高效交通网络”提出知识城要“建立层次分明、功能明晰的综合交通体系。增强知识城与粤港澳大湾区主要城市交通设施的连通性，纳入粤港澳大湾区互联互通基础设施网络，加快建设穗莞深城际，加强知识城与广州白云国际机场、广州火车东站、广州南站等枢纽的衔接，加速湾区内创新要素流动。依托轨道交通及高快速路网促进知识城全面融入城市交通圈，打造‘外联内通’交通路网体系”。交通基础建设作为重大公共基础设施之一，关系着城市发展的效率。一方面，交通基础建设的发展程度关系着城市内部的运转效率，越是便捷、完善的内部交通网络，越是能带动城市其他基础建设的高速发展，提升城市人力、物力的使用效益，营造良好营商环境；另一方面，交通基础建设的发展程度影响着城市之间的协作、交流甚至是融合，对城市影响力的外部扩张具有重要意义，同时能够通过借助邻近城市的优势产业弥补本城市的发展短板，充分协调本城市产业的资源分配。中共中央、国务院于

2019年印发《交通强国建设纲要》，提出建设交通强国是着眼全局、面向未来作出的重大战略决策，是全面建成社会主义现代化强国的重要支撑。要将知识城打造成为知识创造新高地、国际人才自由港、湾区创新策源地、开放合作示范区，就必须先将知识城打造成为基础设施强城，为知识创新、人才交流提供物质基础，营造良好的知识创新基础环境、人才吸纳高地；要将知识城打造成为粤港澳大湾区高质量发展重要引擎，就必须在物理空间上为串联港澳地区和广东省其他市县提供相应交通配套。因此，该条款着重为知识城的建设提供以交通建设为代表的重大公共基础设施建设保障。然而，串联知识城与港澳地区和广东省其他主要城市的交通网络超出了知识城自身内部发展建设的范畴，该条款通过明确广东省人民政府及其发展改革、交通运输管理部门在知识城跨区域重大公共基础设施建设过程中的相关职责，为知识城的重大公共基础设施建设提供法律保障。

本条第2款规定知识城管委会通过多层次雨洪调蓄利用系统、高标准排水系统的建设，全面推进海绵城市建设。所谓海绵城市，是指城市能够像海绵一样，在适应环境变化和应对自然灾害等方面具有良好的“弹性”，是一种新的城市雨洪管理概念，其国际通用术语为“低影响开发雨水系统构建”。通过对雨水的吸收、蓄存、渗透、净化，海绵城市能够将蓄存的雨水释放并加以利用，有效调节城市水资源利用效率。建设海绵城市，并不是要完全取代传统的排水系统，而是在传统排水系统的基础上进行补充，并实现对传统排水系统的减负。2015年，国务院办公厅发布《关于推进海绵城市建设的指导意见》，提出了综合采取

“渗、滞、蓄、净、用、排”等海绵城市建设措施，实现将城市70%的降水就地消纳和利用的建设目标。2017年，广州市住房和城乡建设委员会、广州市水务局、广州市原国土资源和规划委员会、广州市林业和园林局为推进广州市海绵城市建设，联合印发了《广州市海绵城市规划建设管理暂行办法》，明确市区各职能部门在广州海绵城市建设中的职责以及海绵城市建设的具体程序要求。《知识城总体发展规划》第七章第二节提出知识城将建设功能多样的海绵城市，要“科学编制知识城海绵城市建设顶层规划与系统方案，综合采用‘雨水花园、下沉式绿地、生态湿地’等低影响开发设施，实现中小降雨100%自然积存、净化，规划城市建设区雨水年径流总量控制率不低于82%。以九龙湖、凤凰湖及其上下游水系等为重点，全面推进知识城海绵城市建设，打造多层次雨洪调蓄利用系统，严格按照国家规定的城市内涝防治和排水管网建设标准要求，高标准建设城市排水系统，提高知识城防洪排涝能力”。目前，知识城已经编制《中新广州知识城海绵城市建设顶层规划与实施方案》，该方案以城市建设和生态保护为核心，从“水生态、水安全、水环境、水资源”四个方面入手，全面推进知识城的海绵城市建设，形成了建设标准高、建设系统化、建设覆盖全、建设专业化等独具区域特色的海绵城市体系，在城市尺度上构建起“山、水、林、田、湖”一体化的海绵城市。知识城现阶段的海绵城市建设规划以凤凰湖水系为抓手，构建城市“大、小海绵”体系。将凤凰湖水系上连九龙湖、下接金坑河，承担知识城雨洪调蓄功能，同时结合新加坡“雨水花园”的概念，让凤凰湖水系兼备公园、景观、城市客厅等功能，实现区域所有小区、企业、道路、绿化等工程100%落实海绵理念的目标。得益于海绵城市的建设，知识城南起步区于2022年10月8日正式获得国家三星级绿色生态城区实施运管标识证书。

第四十三条【机构保障】

【原文】知识城可以按照机构编制管理规定调整内设机构、职能和人员，推进机构设置和职能配置优化协同高效。

知识城的事业单位专业技术岗位高级、中级、初级岗位结构比例参照广州市属机构标准设置。

知识城管委会应当对其管理机构以及行政管理职责、公共服务范围予以明确，并向社会公布。

鼓励知识城管委会在行政管理体制、机构运行模式等方面进行创新。

【理解与适用】本条是关于知识城管委会按规定决定机构设置、岗位设置，明确知识城发展机构保障的规定。

本条第1款赋予知识城以机制设置和职能配置的优化协同高效为目标进行内设机构、职能和人员调整的权利。根据国务院《关于推进国家级经济技术开发区创新提升打造改革开放新高地的意见》第7条“优化机构职能”的规定，允许国家级经济技术开发区按照机构编制管理相关规定，调整内设机构、职能、人员等，推进机构设置和职能配置优化协同高效。优化国家级经济技术开发区管理机构设置，结合地方机构改革逐步加强对区域内经济技术开发区的整合规范。地方人民政府可根据国家级经济技术开发区发展需要，按规定统筹使用各类编制资源。

本条第2款规定了知识城事业单位专业技术岗位的高级、中级、初级岗位结构比例参照广州市属机构的标准设置。这有助于合理安排知识城事业单位的各级专业技术岗位，保障人才队伍的稳定和发展。根据2005年印发的《广州市事业单位专业技术职务岗位设置及结构比例管理试行办法》第3条的规定，知识城事业单位专业技术职务岗位、结构比例和最高职务档次应当按照精简、高效、配置合理的原则，根据单位的性质、类型、层次和人员编制情况设置。其中，高级、中级专业技术职务设置比例控制数，初级专业技术职务不设置比例控制数；依据该办法第11条的规定，中国科学院院士、中国工程院院士、国家"杰出专业技术人才"称号获得者、新世纪百千万人才工程国家级人选、享受国务院政府特殊津贴专家，不计入知识城事业单位专业技术职务岗位、结构比例控制数。知识城事业单位具体高级、中级专业技术职务比例的设置可参照《广州市事业单位专业技术职务岗位设置及结构比例管理试行办法》附件1《广州市事业单位高、中级专业技术职务结构比例控制数》所列不同性质、类型、层次的事业单位岗位结构比例。

本条第3款出于提高政务透明度、使公众了解知识城的职责范围的目的，规定知识城管委会应明确其管理机构以及行政管理职责、公共服务范围，并向社会公布。提高政务透明度的要求在《市条例》中也有所体现，如根据《市条例》第9条第3款的规定，知识城管委会对依其决定行使行政管理权的管理机构及其具体行政管理职责、公共服务范围予以明确，并向社会公布。这将有助于知识城管委会规范行政行为，依法行政，建立公开、透明、廉洁、高效、务实、便民的行政运行机制。

本条第 4 款鼓励知识城管委会在行政管理体制、机构运行模式等方面勇于创新，进一步优化知识城的管理体制机制。根据《中新广州知识城“十四五”发展规划（2021—2025 年）》第七章第一节“开展体制机制改革试点”的要求，要把推进体制机制改革作为落实中新国家级双边合作项目、推动粤港澳大湾区建设的关键一招，努力将知识城打造成为新时代改革的重要平台。知识城管委会可根据创新和发展的需要，按照优化协同高效的原则，统筹使用各类编制资源，进一步优化知识城体制机制；实现高位统筹、高效推进，协调解决知识城发展的各种难题，争取国家授予省级审批职能和管理权限；依照精简高效的原则，勇于先行先试，形成可复制可推广的知识城体制机制改革经验，进一步优化知识城机构职能；在有效监管、预防风险的同时，探索能够最大程度服务市场主体的监管模式，建立健全鼓励新经济发展机制。此外，根据《市条例》第 9 条第 1 款和第 2 款的规定，知识城管委会可以根据建设和发展的需要，按照精简、协调、高效的原则，设置、调整相应的管理机构，并可以依托所在地的区人民政府有关行政管理部门以合署办公等方式实施行政管理。鼓励知识城管委会在行政管理体制、机构运行模式等方面进行创新。中共广州市委、广州市人民政府《关于落实〈中新广州知识城总体发展规划（2020—2035 年）〉的若干意见》明确赋予知识城管委会自主设置专项绩效奖励的权限，除广州市人民政府确定的奖励标准外，可根据经济建设发展，设置激励干部担当作为的专项绩效奖励。通过上述机构保障措施，知识城将推动内部机构的优化调整，合理配置人力资源，提高管理效率和服务质量。同时，省市人民政府及相关部门将提供必要的支持和指导，确保机构设置和管理政策的有效实施。

第四十四条【纠纷解决机制】

【原文】支持人民法院、仲裁机构、调解组织加强国际交流合作，在知识城建立调解、仲裁、诉讼有机衔接的纠纷解决平台，完善国际化的多元化纠纷解决机制。

支持在知识城注册的企业约定在境内特定地点、按照特定规则、由特定人员对有关争议进行调解。

支持司法行政机关推进法律服务业对外开放，支持登记备案的境外商事纠纷解决机构按照规定在知识城开展业务。

【理解与适用】本条是关于知识城市场主体纠纷解决机制的规定。

本条第1款规定支持人民法院、仲裁机构、调解组织加强国际交流合作，建立多元化纠纷解决机制，提升多元纠纷解决机制的国际化水平。最高人民法院《关于为自由贸易试验区建设提供司法保障的意见》（法发〔2016〕34号）第8条规定，支持自由贸易试验区的多元化纠纷解决机制。鼓励运用仲裁、调解等多元化纠纷解决机制解决自由贸易试验区民商事纠纷，进一步探索和完善诉讼与非诉讼相衔接的矛盾纠纷解决机制。支持仲裁机构、人民调解委员会、商事和行业调解组织的创新发展，为多元化解决自贸试验区民商事纠纷提供司法便利。此外，《知识城总体发展规划》第四章第二节“强化知识产权保护”中特别对知识产权纠纷的多元解决机制的建设提出了要求。知识城要完善知识产权纠纷多元化解决机制，“加强仲裁机构、调解组织建设……发挥广州知识产权仲裁院作用，支持争取在知识城内注册的企业相互之间约定在内地特定地点、按照特定仲裁规则、由特定人员对有关争议进行仲裁的，可以认定该仲裁协议有效，裁决文书经相关仲裁机构对接确认后发生法律效力。支持知识城内企业可约定由境外（包括香港）仲裁机构对境内纠纷进行仲裁，积极引进国际先进国家及香港特区的仲裁机构、组织，提供更全面的国际化知识产权仲裁服务，令相关的仲裁裁决可在内地及香港获得执行”。开展知识产权民事诉讼与调解对接工作，推动建立知识产权纠纷调解协议的司法确认制度。完善知识产权纠纷调解与仲裁的衔接机制，实现案件的有序分流。

《中新广州知识城“十四五”发展规划（2021—2025 年）》第六章第二节提出知识城会构建“司法 + 仲裁 + 调解”有机衔接的知识产权保护体系。该节除了提出知识城要深化知识产权审判领域改革创新，健全知识产权诉讼制度，完善技术类知识产权审判，落实知识产权惩罚性赔偿制度，发挥广州知识产权法院作用，探索设立知识产权巡回法庭，完善知识产权审判工作机制外，还要求知识城健全知识产权维权服务机制和多元化纠纷解决机制，推动建立知识产权纠纷调解的司法确认制度，完善知识产权维权网络和涉外维权预警机制。《中新广州知识城“十四五”发展规划（2021—2025 年）》第六章第三节专栏 11“知识产权综合改革试验重点工作”明确知识城推动构建粤港澳大湾区知识产权保护跨境协作机制。继续参与承办粤港澳大湾区知识产权交易博览会并主办知识产权运用和保护综改高峰论坛，用好知识产权交易博览会品牌。支持中新国际知识产权创新服务中心发展，深化中新知识产权合作，构建境内企业进入东盟及“一带一路”共建国家的重要平台。探索建立全国首个“一带一路”共建国家知识产权合作工作机制。

本条第2款规定支持知识城企业以调解的方式解决纠纷。这有助于纠纷解决的便捷高效化，降低纠纷解决成本。《知识城总体发展规划》第四章第二节对知识城加强知识产权纠纷调解组织的建设进行了详细的说明，即知识城“依托中国（广东）知识产权保护中心建立专业性调解组织并促进香港律政司及香港的相关调解机构与内地有关方面就利用调解解决境内及跨境知识产权争议、相关调解员的培训及认可、制定相关调解程序、调解员守则及名册，以及相互执行经调解所产生的跨境和解协议等方面的合作。合作的具体落实应对接粤港澳三地法律部门早前同意设立的大湾区调解平台。该调解平台主要职责包括制定统一的大湾区调解员资格评判标准、大湾区跨境争议的调解规则最佳做法及调解员专业操守的最佳准则等。鼓励知识城内企业以调解解决境内及跨境知识产权争议”。

本条第3款规定支持知识城在法律服务业及争端解决方面的对外开放。知识城乃至广州市、广东省支持境外商事纠纷解决机构在知识城开展业务的措施可参见北京市、上海市等地方的做法。2021年1月1日起实施的《境外仲裁机构在中国（北京）自由贸易试验区设立业务机构登记管理办法》允许境外仲裁机构经北京市人民政府司法行政部门登记并报国务院司法行政部门备案，在区内设立业务机构，就国际商事、投资等领域民商事争议开展仲裁业务。2023 年 12 月 1 日起施行的《上海市推进国际商事仲裁中心建设条例》第 16 条规定："经市司法行政部门登记并报国务院司法行政部门备案，境外知名仲裁及争议解决机构可以在本市设立业务机构，在国际商事、海事、投资等领域开展涉外仲裁业务。本市优化设立登记程序，便利办理手续，为境外知名仲裁及争议解决机构设立业务机构（以下简称境外仲裁业务机构）提供支持。"知识城可借鉴北京市、上海市的做法优化境外知名仲裁及争端解决机构在知识城的设立登记程序、办理手续等，但需要经过广州市、广东省司法行政部门登记并报国务院司法行政部门备案。

第四十五条【监督考核与评估机制】

【原文】省人民政府、广州市人民政府应当建立知识城总体发展规划实施情况监督考核制度，对规划实施全过程实行信息化监管，并定期发布监测报告。

省人民政府应当建立知识城总体发展规划以及本条例实施情况评估制度，定期组织或者委托第三方开展评估。

【理解与适用】本条是关于建立《知识城总体发展规划》和条例实施情况监督考核制度与评估制度的规定。

监督考核制度，是指为了确保组织、机构或个人按照规章制度、法律法规和相关政策执行职责，并保证其工作达到预期目标的一种管理机制。实施情况评估制度是一种用于评估项目、政策、计划或组织执行过程中进展和成效的管理机制。这种制度旨在全面、客观地评估执行过程中的各个方面，以便对执行效果进行评估，并根据评估结果进行调整和改进。根据《知识城总体发展规划》第九章中有关建立评估机制、做好监督考核问责工作的规定，广东省人民政府、广州市人民政府应当建立知识城总体发展规划以及本条例实施情况监督考核制度，强化对规划实施全过程信息化监管，定期发布监测报告。建立一年一总结、五年一评估，以及规划实施部门自评估和第三方综合评估相结合的评估制度，结合总结和评估结果，开展规划动态维护。健全监督问责机制，坚决维护规划的严肃性和权威性，确保一张蓝图绘到底。

本条第 1 款规定，广东省人民政府和广州市人民政府应当建立知识城总体发展规划实施情况监督考核制度。这意味着为确保知识城总体发展规划的有效落实，条例直接规定了广东省人民政府和广州市人民政府将对知识城的规划实施过程进行监督和考核的责任。此外，为做好规划实施情况的监督考核工作，本条还明确对规划实施全过程进行信息化监管，并定期发布监测报告，强调通过信息技术手段收集、分析和监测规划的执行情况，以便及时发现问题并进行调整，通过定期发布知识城规划实施情况的监测报告，向社会公开规划实施的进展和成果，保障社会公众的知情权。通过社会舆论监督反推知识城规划的贯彻实施。

本条第 2 款规定，广东省人民政府应当建立知识城总体发展规划以及本条例实施情况的评估制度，定期组织或委托第三方对规划的实际效果和本条例的执行情况进行评估，以便于发现知识城总体发展规划以及本条例实施过程中存在的问题与不足，及时进行必要的调整和改进。委托第三方开展评估，实质就是借助专业机构的力量客观、独立、全面、深入地评估知识城总体发展规划以及本条例实施情况，为政府决策提供重要参考，有助于政策的改进和优化，促进公共政策的科学制定和执行。

第四十六条【法律责任】

【原文】省人民政府、广州市人民政府、知识城所在地区人民政府及其有关部门以及知识城管委会，在知识城建设发展中不履行或者不正确履行职责的，依照法律法规和国家有关规定追究责任，对直接负责的主管人员和其他直接责任人员依法给予处分。

【理解与适用】本条是关于条例实施法律责任的规定。

法律责任，是指个人或组织因为违反法律、合同、规章制度或引发损害、违约等行为，需要承担相应的法律后果或承担相应的义务和责任。法律责任强调在特定法律框架下，个人或组织因其行为而产生的法律义务或法律后果。本条规定了对在知识城建设发展中不履行或不正确履行职责的相关政府部门和机构的责任追究。具体内容包括：第一，责任追究范围。考虑条例作为经济功能区立法，其立法目的为明确相应政府部门的职责，创造良好的区域营商环境，吸引投资，促进产业升级和创新发展。故条例的明确法律责任主体为对知识城建设发展承担职责的广东省人民政府、广州市人民政府、知识城所在地区人民政府及其有关部门以及知识城管委会。如果在知识城建设发展中前述政府部门和机构未履行或不正确履行职责，将承担法律责任。第二，追究责任依据。前述政府部门和机构在知识城建设发展中的职责，主要基于以下两方面的依据：一方面，基于条例自身的规定，如条例第4条中规定的“省人民政府应当制定落实知识城总体发展规划的实施方案，协调解决知识城建设发展中的重大问题”；另一方面，应符合法律法规和国家相关规定，如根据《行政许可法》（2019修正）第72条的规定，行政机关及其工作人员违反该法的，由其上级行政机关或者监察机关责令改正，情节严重的，对直接负责的主管人员和其他直接责任人员依法给予行政处分。对于明显的履职疏漏、违法行政等，将依据法律法规进行追究。第三，处分对象。一方面，针对条例所涉的法律责任主体，条例规定对广东省人民政府、广州市人民政府、知识城所在地区人民政府及其有关部门以及知识城管委会，在知识城建设发展中不履行或者不正确履行职责的，依照法律法规和国家有关规定追究责任；另一方面，条例规定对于直接负责的主管人员和其他直接责任人员，如果发生了不履行或不正确履行职责的情况，依法给予相应处分。

第六章　附　　则

第四十七条【施行日期】

【原文】本条例自 2022 年 3 月 1 日起施行。

【理解与适用】本条是关于条例施行日期的规定。

附　录

广东省人民政府《关于印发〈中新广州知识城总体发展规划（2020—2035 年）〉的通知》

粤府函〔2020〕272 号

各地级以上市人民政府，省政府各部门、各直属机构：

根据《国务院关于中新广州知识城总体发展规划（2020—2035 年）的批复》（国函〔2020〕119 号），现将《中新广州知识城总体发展规划（2020—2035 年）》（以下简称《规划》）印发给你们，并就有关事项通知如下：

一、中新广州知识城是粤港澳大湾区建设的重大创新载体之一，是我国与新加坡共同打造的国家级双边合作项目和国际化知识创新平台。各有关单位要认真贯彻落实国务院的批复精神，把《规划》实施作为深化服务“一带一路”建设和粤港澳大湾区高质量发展的重要举措，全面提升创新驱动力，深入推进开放合作，为推动形成国内大循环、国内国际双循环相互促进的新发展格局提供有力支撑。

二、省有关单位要加强与国家对口部门的沟通请示，按照职责分工，研究制定支持中新广州知识城的具体政策措施，在重大项目建设、体制机制创新等方面给予积极支持，协调解决遇到的困难和问题。

三、广州市人民政府要切实加强组织领导，衔接国土空间规划，依据《规划》抓紧制定具体实施方案，扎实推动工作落实，确保目标任务如期完成。《规划》实施中涉及的重大事项、重大政策和重大项目按规定程序报批。

四、省商务厅要会同有关单位加强对《规划》实施情况的跟踪分析和督促指导，注意研究新问题、解决新问题、总结新经验，推动《规划》目标任务落实，重大问题及时报告。

广东省人民政府

2020 年 9 月 28 日

《中新广州知识城总体发展规划（2020—2035年）》

2020年8月

目　　录

第一章　规划背景

2010年奠基以来，中国—新加坡广州知识城（以下简称知识城）建设取得长足进展，品牌优势明显，作用日益突出。知识城升级为中新国家级双边合作项目，为知识城未来发展提供了重要机遇和强大动力。

第一节 发展基础

知识城位于广州市黄埔区、广州开发区北部，北面与白云区钟落潭镇、从化区太平镇接壤，南面与黄埔区萝岗街、永和街接壤，东面与增城区中新镇相接，西面为帽峰山风景名胜区。知识城位于粤港澳大湾区湾顶，区位优势明显，发展空间充裕，生态环境与资源环境承载能力较强。

奠基10年来，知识城各项建设任务扎实推进，基础设施建设日益完善，现代产业体系雏形初具，知识产权综合改革成效显著，科技创新平台有序布局，体制机制优势逐步显现，中新合作全面深化，具备加快发展的良好基础和突出优势。

第二节 机遇挑战

从全球看，当前国际环境正面临深刻变化，国际政治经济分工格局、国际秩序和规则面临重大调整，新兴经济体孕育着新的发展机遇。全球新一轮科技革命和产业变革加速演进，颠覆性技术不断涌现，新兴产业快速发展，新业态、新模式、新动能应运而生。中国与新加坡与时俱进地推动全方位合作伙伴关系深入发展，双方将在中国新一轮对外开放中，围绕“一带一路”倡议和粤港澳大湾区建设等国家战略，进一步深化科技创新、高端制造、知识产权、人才培养等重点领域的合作，把知识城打造成为中新合作新典范。

从国内看，我国经济由高速增长阶段转向高质量发展阶段，创新驱动战略深入实施，创新型国家建设加快推进，一批力度大、领域广的重大举措相继出台，改革开放红利进一步释放。以“一带一路”建设为统领的全面开放新格局正在形成，珠三角地区经济一体化步伐显著加快，粤港澳大湾区建设全面推进，广州国家高新区纳入全国十大世界一流高科技园区建设序列，为知识城创新驱动引领高端要素集聚提供重要支撑。知识城作为粤港澳大湾区高水平科技创新的重要载体和广深港澳科技创新走廊十大核心创新平台之一，将迎来重大发展机遇。

与此同时，知识城知识创造与科技创新能力依然不足，知识产权保护力度亟待强化，吸引和培养国内外顶尖科技人才任重道远，对中小企业创新支持力度需要加大，具有自主知识产权和核心竞争力的创新型企业总量偏少，国际一流创新创业生态环境尚未形成，市场化协同创新的体制机制障碍仍旧存在，未来发展必须提质加速。

第二章 总体要求

作为中新两国共同打造的国家级双边合作项目和国际化知识创新平台，知识城要充分发挥中新双方各自比较优势，突出唯一性、示范性、引领性，以知识引领发展，以科技创造未来。

第一节 指导思想

以习近平新时代中国特色社会主义思想为指导，贯彻落实习近平总书记对广东重要讲话和重要指示批示精神，紧紧围绕统筹推进“五位一体”总体布局和协调推进“四个全面”战略布局，牢固树立创新、协调、绿色、开放、共享的新发展理念，全面服务“一带一路”和粤港澳大湾区建设，以创新驱动高质量发展为根本，以汇聚知识型人才、发展知识经济为主线，加强与广州国家高新区联动发展，全面推动知识创新、机制创新、制度创新，开辟开放合作新路径，探索创新发展新模式，建设成为具有全球影响力的国家知识中心。

第二节　基本原则

知识引领、创新驱动。顺应全球知识竞争的新趋势，把知识创造和科技创新摆在发展的核心位置，实现经济社会发展动力和发展方式的根本转换，推动新知识、新技术、新产业、新业态、新机制融合发展。

内外联动、开放共赢。以全球视野谋划和推动创新，坚持引进来和走出去相结合，对接全球创新资源，融入国际创新网络，不断拓展开放合作的广度和深度。积极推进与港澳创新融合发展，构建功能互补、分工合理的区域创新体系。

前瞻规划、高端集聚。深刻把握新科技革命和全球产业变革对世界经济结构和竞争格局产生的重大影响，瞄准前沿领域，集中优势资源，推进系统性创新和颠覆性创新，实现产业发展核心技术和关键技术的重点突破。

以人为本、生态优先。按照绿色、智能、创新理念，推广绿色低碳的生产生活方式和城市建设运营模式，构建全域智能化环境，打造以人为本、全时空服务的智能社区，营造平等和谐的文化氛围，使人才的获得感、幸福感、安全感更加充实、更有保障、更可持续。

深化改革、先行先试。遵循社会主义市场经济规律和科技创新规律，勇于担当，敢闯敢试，以深化市场化改革激发创新活力，破除一切制约创新的思想障碍和制度藩篱，推动体制机制创新，对标国际一流规则和标准，构建支撑创新的营商环境，为创新驱动发展探索新道路、积累新经验。

第三节　战略定位

围绕建设具有全球影响力的国家知识中心，着力打造知识创造新高地、国际人才自由港、湾区创新策源地、开放合作示范区，成为粤港澳大湾区高质量发展重要引擎。

知识创造新高地。把握知识创新脉动，通过深化国际科技合作、集聚知识创新要素、完善配套服务功能、提升自主研发能力，培育以知识生产、知识传播、知识运用、知识服务和知识保护于一体的现代知识经济体系。通过知识赋能推动知识产业化，促进产业数字化，形成知识应用新场景和知识密集型经济新业态、新模式。

国际人才自由港。把吸引、用好国际创新人才作为重中之重，推动科研评价和奖励制度改革，实施更加积极的人才引进政策，创新完善人才激励机制和人才流动机制，建立与国际接轨的人才环境，集聚和培养一批具有世界一流水平的创新团队和领军人才，构建能够适应和支撑知识城发展的高水平人才体系。

湾区创新策源地。深入参与广深港澳科技创新走廊建设，发挥在技术创新、高端制造、科技服务等全产业链的知识引领作用，以重要知识创新、基础研究为发力点，在大湾区内形成基础科学、技术研发、成果转化等于一体的知识创新体系，全力推动粤港澳大湾区国际科技创新中心建设，将知识城打造成为粤港澳大湾区重要创新极。

开放合作示范区。充分发挥知识城在中新合作中的独特优势，打造与新加坡、港澳营商环境对接、经济协同发展的合作体系，复制推广自由贸易试验区改革试点经验。积极融入全球创新网络，全面提升国际科技合作水平，构建更宽领域、更多层次、更高水平开放新格局。建设广州国际科技创新产业集聚区，发挥知识城作为区域核心增长极的辐射带动作用，带动周边区域及广清、穗莞合作，共同构建区域协调发展新格局。

第四节　发 展 目 标

对标国际标准，聚焦模式创新，突出价值创造，把知识城打造成为具有全球影响力的国家知识中心，成为中新合作的新典范、高质量发展的新样板、全方位开放的新平台、知识型创新的新标杆。

到 2022 年，国家知识中心建设初见成效，交通网络便捷高效，智能化基础设施系统完备，优质公共服务体系基本形成，知识密集型产业比较发达，国际创新领军人才比较富集，知识产权保护和运用达到国际先进水平，营商环境全国领先。每万人口发明专利拥有量超过 100 件，研究与开发（R&D）经费占地区生产总值比例超过 4.5%，数字经济占比达到 40% 以上，知识城在全球的知名度和竞争力明显提升。

到 2035 年，知识城建设取得全面成效，治理体系和治理能力实现现代化，领军人才高度聚集，知识密集型经济高度发达，高质量创新活动高度活跃，相关领域自主研发能力处于国际领先水平，知识科技管理与知识产权保护成为全球典范。营商环境位居国际前列，宜居宜业新城全面建成，知识城全面建成具有全球影响力的国家知识中心。

知识城发展指标体系

一级指标 A	二级指标 B	三级指标 C	2020	2022	2035
人力资本 A1	人才流动及其多样性 B1	本科以上学历人数占总人口比例（%）C1	18	≥30	≥60
知识创造与科技创新 A2	机构与平台 B2	大科学装置数量（个）C2	0	1	2
		国家、省级重点实验室数量（个）C3	0	1	5
		新型研发机构数量（个）C4	6	8	20
		高端智库[1]数量（个）C5	2	3	10
	知识成果 B3	每万人发明专利拥有量（件）C6	90	100	500
		PCT 国际专利申请量（件）C7	70	120	600
		中国专利奖（项）C8	16	30	300
		软件著作权登记数（件）C9	3000	10000	300000
		国家科学技术奖数量（项）C10	3	5	20
		“中国科技核心期刊”采用的科技论文数量（篇）C11	45	100	1000
	研发投入 B4	R&D 经费占地区生产总值比例（%）C12	3.80	≥4.5	≥8

续表

一级指标 A	二级指标 B	三级指标 C	2020	2022	2035
创新型经济 A3	创新型经济 B5	数字经济占地区生产总值比例（%）C13	36	≥40	≥80
		高新技术企业个数（家）C14	70	200	2000
		企业总部数量（家）C15	10	50	200
开放型经济 A4	开放型经济 B6	外商投资存量（亿美元）C16	25	30	100
		进出口贸易规模（亿美元）C17	5.71	7.14	71.43
		国际机构数量（个）C18	7	50	160
宜居环境 A5	生态环境 B7	单位地区生产总值能耗累计下降率（%）C19	完成市下达的目标	完成市下达的目标	完成市下达的目标
	教育文体医疗 B8	公共图书馆、文化馆、科技馆、体育馆数/每十万人（个）C20	0	1	2
		医疗服务机构床位数/每千人（张）C21	1.22	5.28	8.42

注释：［1］高端智库：依据2015年1月中共中央办公厅、国务院办公厅印发的《关于加强中国特色新型智库建设的意见》智库标准。

第三章　提高科技创新能力

紧紧把握全球新一轮科技革命和产业变革重大机遇，依托粤港澳大湾区集聚全球创新资源，大力推进基础研发和原始创新，成为粤港澳大湾区高质量发展重要引擎。

第一节 集聚全球科技创新要素

汇聚全球顶尖人才。引进国内外知名大学，培育世界级研发机构，以此为基础建设高水平、国际化的创新型大学。吸引国际学术前沿的一流科学家，重点引进诺贝尔奖获得者、国家最高科学技术奖获得者以及两院院士，培养一批具有成长为两院院士潜力的人才。依托重大研究课题或应用研究项目，组建具有国际影响力、创新成果突出的创新团队。携手港澳强化开放创新，积极参与国际大科学计划和大科学工程，通过打造具有全球人才配置功能的平台载体，吸引各类高层次专门人才和高端复合型人才。

集聚高端研发机构。围绕国家战略需求，与全球顶尖高校和科研机构共建联合研究院，积极承担重大基础和前沿科研任务。加快聚集国际化高端创新资源，支持广州再生医学与健康广东省实验室建设。加强与国际知名高校合作，建设信息科学、材料科学等重点实验室。吸引海内外顶尖研究院所、高校在知识城设立全球领先的科学实验室和研发中心。鼓励行业领军企业构建高水平研发机构，引导领军企业和科研单位系统布局创新链。围绕世界科技前沿和区域发展需求，采取中外合作、央地共建、军民共建等模式加大重大科技基础设施布局。

加大科技创新资金投入。强化资本市场对科技创新支持，鼓励符合条件的战略性新兴产业的企业发债融资，支持为企业创新活动提供股权和债权相结合的融资方式，鼓励社会资本设立战略性新兴产业发展基金和投资基金。支持股权投资管理机构、创业投资管理机构在知识城内发起、管理人民币股权投资和创业投资基金。鼓励天使投资、创业投资等风险投资机构在知识城内开展业务。持续稳定支持高水平的基础和应用基础研究，构建多元化联合资助体系。

专栏1　知识城科技创新重大平台

广州再生医学与健康广东省实验室。重点从基础研究与国际合作、临床研究与转化、产业发展与产业促进等三大板块布局建设全链条的创新协同体系。

材料科学重点实验室。瞄准材料科技前沿和材料领域中的关键技术问题，加强与新加坡南洋理工大学等国际一流高校合作，重点发展新型功能性陶瓷、超材料、石墨烯材料、3D打印基础材料等，创建集科学研究、技术创新、人才培养、成果转化、产业孵化、科学知识传播于一体，具有国际影响力的综合性材料科学研究中心。

第二节　完善科技创新体系

完善多主体跨区域协同创新体系。积极引进高校与科研院所研发机构，超前布局基础研究，加强重大基础前沿和战略高技术研究，加强跨学科、跨领域科学研究，关注颠覆性技术，推进前瞻性变革性技术研发。强化企业在创新活动中的主体地位，培育一批核心技术能力突出的世界一流创新型企业，鼓励跨国企业在知识城建设区域性研发总部、研发中心。鼓励企业和高校、科研院所合作设立科研基地或联合实验室，建设产业共性技术研发平台和行业检测平台。推动产业上下游企业合作开展网络化、开放式协同创新，推动产业创新中心在知识城落地。建立跨区域协同创新机制，优化创新研发跨区域合作、科技创新自由开放共享、资金人才跨区域流动，推动创新要素自由流动，优化重组。

主动融入全球创新体系。充分发挥知识城科技和产业优势，打造粤港澳大湾区创新创业共同体。建设对外科技合作和技术转移园区，与全球知名创新园区联合设立创新服务联盟，合作建设面向“一带一路”沿线国家和地区的科技创新基地。加快布局海外创新中心，积极引进国际创新服务公共机构，支持国际性学术组织、产业组织和公益组织在知识城举办国际性创新交流活动，继续加快创新体系的开放进程，提高创新要素的跨境流动水平，不断提升利用全球创新资源的能力。

切实改善科技创新生态。以促进科技成果转化和加强创新服务为重点，着力实现“众创空间—孵化器—加速器—科技园”的全链条创新创业模式，大力发展研发设计、中试孵化、检验检测、成果转化等科技服务机构，建设科技文献服务平台、科学数据共享平台、技术转移服务平台等公共服务平台。建立一批低成本、便利化、开放式虚拟创新社区，大力发展科技中介服务与科技金融服务，创新服务模式，鼓励创业投资基金在知识城设立分支机构，建设社会化、网络化的科技中介服务体系和国际一流科技服务中心。

第三节　深化科技体制改革

创新人才管理机制。积极探索人才自由流动等先行先试政策，将知识城打造为国际人才自由港。健全吸引国际人才体制机制，强化人才政策统筹协调、人才信息资源共享，设立海外人才工作站，实现精准引才高效引智。积极为领军人才申请签证、居留证件、永久居留证件提供便利。探索建立与国际接轨的全球人才招聘制度和吸引外国高技术人才的管理制度，建立住房、子女入学、就医社保服务通道。尊重个人兴趣，倡导学术自由，赋予创新领军人才更大的人财物支配权和技术路线决定权。畅通科研人员在高校院所与企业间的双向流动渠道，破除限制人才自由流动的体制机制障碍。改革完善人才培养、使用、评价机制，善聚善用各类人才。

健全促进科技成果转化的机制。健全技术创新的市场导向机制和政府引导机制，加强产学研协同创新，促进企业成为技术创新决策、研发投入和成果转化的主体，使创新转化为产业活动。完善科技成果使用、处置和收益管理制度，加大对科研人员转化科研成果的激励力度。建立“创新链—产业链—价值链”融合发展机制，通过成果应用体现创新价值，通过成果转化创造财富。

完善有利于开放创新的体制机制。以中新国际联合研究院为支撑，创新研发成果转化的体制机制，加快建设科研中心和跨领域科技研究走廊。建立中新广州知识城智库，对标国际高端创新论坛，打造知识领域的国际化高端战略对话平台。以推动科技创新要素自由流动为重点，加速在知识产权和产权保护、营商环境、政府监管等方面的制度创新，提高科技创新体制的开放度和包容性，夯实全球创新要素集聚和扩散的基础性制度，推动形成“走出去”和“引进来”深度融合的开放创新局面。

专栏2　知识城引才聚才重大平台

中新知识论坛。拓展现有中新知识论坛关注领域和嘉宾邀请范围，对标国际高端创新论坛，积极邀请内地、港澳及海外顶尖思想家，围绕引领全球发展的前沿知识问题开展深入探讨，打造知识领域的国际化高端战略对话平台。

中新国际联合研究院。依托华南理工大学、南洋理工大学研究优势，联合培养高层次人才，积极推动在新一代电动车、智能城市交通系统、营养与食品科学、大型公共建筑与城市可持续发展、污染控制与环境修复、生物医学材料和医疗器械等领域开展科技研发与协同创新。

新加坡南洋理工大学研究生院。与新加坡联合开设高级材料、生物医学工程、绿化能量和环境、电脑生物等领域研究生学位课程，成立科研中心和跨领域科技研究走廊，培养基础研究专业人才和具有跨界思维、全球视野的创业人才，密切与知识城内制造业、IT产业、生命科学产业的合作，推进产学研深度融合。

清华珠三角研究院。依托清华大学，以体制机制创新为核心，打造科技研发、企业孵化、创业投资、人才培养、国际合作等功能板块，建设国家新型研发机构的引领者，形成产学研深度融合的国际化创新孵化集群，打造创新创业人才汇聚的高地，战略新兴产业和未来产业聚集的基地。

中新广州知识城智库。充分发挥智库专家在推动科学决策、传递沟通信息、链接外部资源、培养输送人才、争取政策支持等方面的重要作用。

第四章 打造全球知识产权高地

落实《国务院关于同意在中新广州知识城开展知识产权运用和保护综合改革试验的批复》，深入实施知识产权战略，深化知识产权领域改革，破除制约知识产权支撑创新驱动发展的体制机制障碍，打造“立足广东、辐射华南、示范全国”的知识产权引领型创新驱动发展之城。

第一节　推动知识产权创造与运用

提升知识产权创造能力。营造鼓励知识产权创造的良好文化氛围，将知识产权作为创新活动的主要产品和价值载体，加强对高价值知识产权的扶持力度。实施知识产权质量提升工程，优化专利、商标、版权等知识产权结构和布局，形成一批核心自主知识产权。依托国家知识产权局专利局专利审查协作广东中心，开展专利远程会晤制度创新，为专利申请人与专利审查员面对面沟通交流提供便捷的途径。推动创新主体贯彻知识产权管理规范国家标准，培育一批知识产权数量密集、价值高、具有市场竞争优势的知识产权强企。支持企业研发和储备国际专利，加强高价值知识产权海外布局。支持高等学校、科研院所建立健全知识产权转移转化机构，探索与企业联合建立高价值专利创造中心。

加速知识产权市场化运营。建立完备的知识产权转让、许可等知识产权运用体系，加快建设知识产权运营服务体系。支持广州知识产权交易中心业务发展，注重培育一批产业特色突出的知识产权运营机构，为打造成为全国性知识产权交易中心创造条件。建设中国（广州）国际知识产权运营中心，实现知识产权交易许可、价值评估、质押融资、风险投资、智库建设、公证服务以及国内外知识产权服务机构引进等功能于一体。设立知识产权合作平台。充分发挥专利导航对于产业发展的引领与服务作用，推动形成专利创造和发明经营的产业链。支持企业和机构举办知识产权创新创业大赛，建立常态化知识产权转化路演平台，由国家知识产权局支持并推荐符合条件的单位申报技术与创新支持中心（TISC）。

培育知识产权金融服务市场。引导培育多元化知识产权金融服务市场，优化知识产权质押融资服务体系，加快完善知识产权质押融资扶持及市场化风险补偿机制，鼓励知识产权服务机构、商业银行等金融机构与知识产权创新主体按照风险可控、商业可持续的原则，开展知识产权质押融资。开展知识产权金融创新，鼓励金融机构在依法合规、风险可控的原则下，开展知识产权保险、信托等知识产权金融产品或衍生品创新业务。在知识城探索开展知识产权证券化试点，在上海证券交易所、深圳证券交易所探索发行知识产权证券化产品。

第二节　强化知识产权保护

构建科学合理的知识产权保护体系。实行严格的知识产权保护标准，统筹推进知识产权保护，从审查授权、行政执法、司法保护、仲裁调解、行业自律等环节，改革完善保护工作体系，综合运用法律、行政、经济、技术、社会治理手段强化保护，促进保护能力和水平整体提升。更好发挥广州知识产权法院作用，加强知识产权司法保护，完善知识产权审判“三合一”制度，推动知识产权审判领域改革创新。设立知识产权公证处，为粤港澳大湾区创新主体提供专业化、便利化的知识产权公证服务。有效行使省级知识产权行政执法权限，提高知识产权行政执法效能，加强知识产权行政执法专业队伍建设。加强知识产权在生物医药、新一代信息技术等重点领域保护力度，加大对侵权假冒行为的行政处罚力度。加快推进知识产权领域信用体系建设。

健全知识产权维权服务机制。充分发挥中国（广东）知识产权保护中心和国家版权保护中心广州版权产业服务中心作用，为新一代信息技术、生物医药等重点产业快速审查、快速维权、协同保护等方面提供强有力的服务支撑。加强维权援助与举报投诉体系建设，深入对接产业联盟、行业协会，拓展维权援助服务渠道，提升工作质量与效率。加强对港澳及海外知识产权的维权援助，构建对港澳及海外知识产权的维权机制，积极推动知识产权海外侵权责任保险工作。

完善知识产权纠纷多元化解决机制。加强仲裁机构、调解组织建设，依托中国（广东）知识产权保护中心建立专业性调解组织并促进香港律政司及香港的相关调解机构与内地有关方面就利用调解解决境内及跨境知识产权争议、相关调解员的培训及认可、制定相关调解程序、调解员守则及名册，以及相互执行经调解所产生的跨境和解协议等方面的合作。合作的具体落实应对接粤港澳三地法律部门早前同意设立的大湾区调解平台。该调解平台主要职责包括制定统一的大湾区调解员资格评判标准、大湾区跨境争议的调解规则最佳做法及调解员专业操守的最佳准则等。鼓励知识城内企业以调解解决境内及跨境知识产权争议。发挥广州知识产权仲裁院作用，支持争取在知识城内注册的企业相互之间约定在内地特定地点、按照特定仲裁规则、由特定人员对有关争议进行仲裁的，可以认定该仲裁协议有效，裁决文书经相关仲裁机构对接确认后发生法律效力。支持知识城内企业可约定由境外（包括香港特区）仲裁机构对境内纠纷进行仲裁，积极引进国际先进国家及香港特区的仲裁机构、组织，提供更全面的国际化知识产权仲裁服务，令相关的仲裁裁决可在内地及香港获得执行。开展知识产权民事诉讼与调解对接工作，推动建立知识产权纠纷调解协议的司法确认制度。完善知识产权纠纷调解与仲裁的衔接机制，实现案件的有序分流。

第三节 发展知识产权服务业

促进知识产权服务业高端化与多元化发展。大力培育知识产权服务各类业态，构建知识产权代理、咨询、商用化、交易、融资、法律和培训等全链条知识产权服务业体系。构建扶持知识产权服务业发展的政策体系，发展壮大一批市场化、专业化、品牌化、国际化的知识产权服务主体，鼓励为技术研发、货物贸易、服务外包、海外投资、品牌输出等活动提供知识产权专业化服务。鼓励在知识城先行开展外国专利代理机构在华设立常驻代表机构的试点工作。放宽合伙制专利代理机构准入门槛，允许一定比例不具备专利代理资格的人员成为有限责任制专利代理机构的股东，推动专利代理机构合伙人结构多元化和专业化“双提升”。积极推进国家知识产权服务业集聚发展试验区建设。按照国际标准规划设计，建设知识产权服务园区，建设知识产权信息公共服务平台，办好知识产权珠江论坛，建设知识产权文化传播展示基地。

提升知识产权服务业对外开放水平。借助中新国家级双边合作平台和“一带一路”战略支点的区位优势，以知识产权合作为切入点，全面对接沿线国家和地区创新资源，逐步提高国际影响力。加强知识产权金融国际交流，推进在知识产权保险、运营、评估等方面共享研究成果，探索具有中国特色的知识产权金融模式。探索与新加坡共建知识产权学院，培养知识产权领域的国际化专业人才。

专栏3　知识产权服务园区

知识产权服务园区位于知识城核心区，总规划占地面积420亩，计划投资超过90亿元，按照国际标准规划设计，打造全球领先的知识产权高端服务业集聚中心。引进或培育一批具有引领示范作用的知识产权特色服务机构及高端服务人才，构建集知识产权代理、评估、交易、融资、信息、培训、公证、仲裁等业态于一体的新型知识产权服务产业链条。建设粤港澳大湾区国际知识产权运营中心，完善广州知识产权交易中心等综合性知识产权交易平台。

知识产权珠江论坛。聚集国内外知名专家、学者、企业及机构高级管理人员，探讨知识城在粤港澳大湾区及“一带一路”知识产权合作与发展中的作用，对知识产权综合改革试验提出对策建议。

知识产权文化传播展示基地。探索建设知识产权博物馆，设置知识产权成就展示厅，营造知识产权保护与发展的良好文化氛围。

知识产权交易博览会。提升广东知识产权交易博览会的规模和层次，将其打造成为定期定址的国家级国际性知识产权交易博览会。

知识产权信息公共服务平台。积极纳入全国知识产权信息公共服务体系，整合驻区各类知识产权资源，搭建区域性全要素知识产权信息公共服务平台，开展属地化、专业化的知识产权信息公共服务，并与全国知识产权信息公共服务平台和数据中心实现互联互通、开放共享。

国际知识产权人才教育与培训基地。利用新加坡知识产权学院、国家知识产权局专利局专利审查协作广东中心及北京大学粤港澳大湾区知识产权发展研究院等人才智力资源，开展知识产权领域专业人才的培训。

第五章　构建知识密集型产业体系

坚持生产生活生态融合，优化产业创新环境，推动知识密集型产业高端化、国际化、数字化、智能化、集约化发展。重点推进生物医药与大健康、新一代信息技术、新材料新能源等产业发展，着力布局科教服务与数字创意、智能制造产业，形成特色鲜明、优势凸显，国内一流、国际领先的产业集群，打造新兴产业策源地。

第一节　发展知识密集型产业

生物医药与大健康产业。围绕生物医药、生物医学工程、生物服务、现代健康服务等产业，前瞻布局精准医疗、数字生命等前沿交叉领域。重点研发创新药物、新型疫苗、先进医疗装备和生物治疗技术，加大肿瘤防治、基因检测、无创筛查等领域的临床应用和产业化进程。着眼国际最新生物医药发展成果，大力促进癌症、心脑血管疾病、遗传性疾病等重大、流行疾病领域生物技术药物生产。积极引进现代中药企业进驻开发中药新药。组建专科医院或医院重点专科，建成高端医疗产业服务集群。建立生命健康大数据平台，推动生物信息分析及生物软件开发，完善个性化医疗健康管理与服务，探索健康和亚健康管理、慢病管理、防衰老管理等分级式和多元化健康管理服务模式。

新一代信息技术产业。加快推动新一代移动通信、下一代互联网、云计算、集成电路、物联网、大数据、高性能计算等技术研发和综合应用。促进新一代信息网络技术向各行业全面融合渗透，构建融合创新、智能协同、安全可控的新一代信息技术网络产业体系。推进区块链场景应用，加速培育区块链产业集群，开展面向粤港澳的区块链创新试验。重点建设综合性、行业性、区域性工业互联网平台。积极构建大数据技术产业体系和大数据应用产业体系，促进传统产业网络化、数字化、智能化转型。大力培育共享经济、平台经济等数字经济新模式新业态，开展面向应用的大数据综合试验，建立健全数据资源汇聚、流动与开放规则。

新材料新能源产业。以高性能工程塑料、高性能纤维材料、新型显示材料、先进高分子材料等前沿新材料为重点，加大在新材料领域的研发攻关力度，培育具有自主知识产权支撑的新材料产业集群，建设完备的新材料产业体系。依托国家新能源综合利用示范区，以能源结构优化为驱动力，构造与城市建设体系相协同的新能源综合利用体系。

科教服务与数字创意产业。创新各类科教服务业态，激活科教服务载体，造就推动知识创造和科技产业发展的新型服务环境。加快推动文化产业和数字化技术相结合，重点发展研发设计、动漫游戏、新媒体影视等，促进“互联网＋文化创意”新业态，构建文化引领、技术先进、链条完整、融合发展的数字创意产业发展格局。

智能制造产业。着力发展智能制造产业链两端环节，建设成为智能装备产业未来发展中心。重点发展智能机器人、新能源汽车、高端装备、新型显示、3D 打印、云制造、工业软件、智能传感器等智能制造产业，重塑制造业的技术体系、生产模式、产业形态和价值链条，实现制造业向价值链高端迈进。着力发展一批方案设计、设备采购、装备开发、安装维护、检测认证的专业服务机构，培育一批具备整体设计和解决方案提供能力的、实现专业化机器人及智能装备系统集成的企业。

第二节　完善知识密集型产业服务体系

健全产业孵化育成体系。培育知识密集型龙头企业，大力发展总部经济。支持龙头骨干企业、投资机构、高校院所发挥有利条件，通过市场化机制、专业化服务和资本化途径，构建低成本、便利化、全要素、开放式、生态型的众创空间。完善高新技术企业培育库，优化“初创企业—雏鹰企业—瞪羚企业—独角兽企业”培育体系。推进军民两用技术双向转化应用、促进军民融合产业发展。探索构建有利于创新创业文化发展的制度体系。

优化金融支持服务体系。规划建设知识城金融云谷，设立亚洲金融创新研究院，以新一代信息技术为核心，打造云计算、大数据、人工智能、区块链等金融科技服务业态集群，在依法合规的前提下推进科技与金融良性互动，成为国际化金融创新资源聚集地。探索进一步放宽金融外资准入限制，支持符合条件的外资（包括香港）金融机构在知识城内设立银行、证券、保险、金融租赁、财务公司、汽车金融、消费金融公司等外资金融机构。研究探索在知识城内设立中新（中国－新加坡）保险公司，增强保险机构服务实体经济和创新发展的能力。完善信用担保支持体系。建立科技创新产业投融资联盟。按照“成熟一家、设立一家”原则，支持符合条件的民营企业在依法合规的前提下发起设立民营银行。发展多层次资本市场、拓宽直接融资渠道，加强与上海证券交易所、深圳证券交易所、全国中小企业股份转让系统的战略合作，鼓励与新加坡交易所加强合作，支持知识城内企业在新加坡证券交易所直接上市。有序推进与香港金融市场的互联互通和特色金融合作，开展科技金融试点，加强金融科技载体建设，扩大跨境投资空间，丰富投资产品类别和投资渠道。扩大金融领域对内对外开放，打造具有国际影响力的风投创投中心，开展跨境人民币创新业务，在人民币国际化方面先行先试。支持符合条件的企业发行外债进行融资，募集资金根据需要自主在境内外使用，促进企业经营发展。

营造有助于知识密集型产业发展的国际一流营商环境。对标世界银行营商环境评价指标体系，以新加坡、香港等一流营商环境经济体为标杆，创建国家级营商环境改革创新实验区，进一步改进优化市场准入、产权保护、政务服务、法治保障等方面的制度安排，加快建立与国际高标准投资贸易规则相衔接的制度体系，营造“稳定、公平、透明、可预期”的国际化营商环境。深化“相对集中行政许可权”改革试点，推进信用承诺制审批，提升行政服务效能。创新货物通关模式，提升贸易、投资自由化与便利化水平。

专栏4　知识城金融云谷

中新广州知识城金融云谷选址位于知识城核心地段，有效聚集科技、金融、投资、中介等机构，以先进的信息技术为核心，打造云计算、大数据、人工智能、区块链等金融科技服务业态集群，推进科技与金融良性互动，成为国际一流的金融创新资源聚集地。

亚洲金融创新研究院。加强金融科技（Fintech）和监管科技（Regtech）的研究与应用。开展云计算、大数据、人工智能、区块链等最新技术手段在金融业务领域应用的研究。适时开展量子通信在金融业的应用。

中国风险投资知识城大厦。大力引进优质风投创投机构，为风险投资机构提供工商注册、税务登记、政策咨询、场地租赁等全链条服务，推动人才、资本等高端要素集聚，形成风投创投集聚发展效应，打造集展示、推介、招商、服务等平台于一体的风投机构发展载体，为风投机构创造良好的营商环境。

金融信息服务外包产业园。加速金融云服务外包系统产业化进程，为全国乃至全球金融机构的数据中心、清算中心、资金结算中心、银行卡中心、呼叫中心提供优质外包服务。

第三节　优化产业空间布局

在知识城范围内，沿开放大道为轴线，以山体湖泊为生态绿色屏障，打造知识创造与科技创新核，构建知识辐射传播轴，实施产业用地“留白”弹性机制，高水平建设知识密集型产业组团，打造“一核一轴四组团”的总体空间布局，发挥示范引领和辐射带动作用，协同周边区域实现高质量发展。

一核：知识创造与科技创新核。位于知识城中部，重点发展总部经济、科教服务、知识产权、新一代信息技术服务、文化创意、科技和金融服务、商贸新零售、电子商务等知识交易市场体系和现代服务业体系。

一轴：知识辐射传播轴。沿开放大道构建功能高度复合的创新发展轴线，依托轨道站点和重要功能节点，链接“一核四组团”，形成不同特色的创新型产业区域。

四组团：新一代信息技术产业组团、高端装备制造与新能源汽车产业组团、生命科学与生物医药产业组团、新材料新能源及集成电路产业组团。四组团中，南部组团两个，北部组团两个，其中：

知识城南部两组团主要承接新一代信息技术、高端装备制造与新能源汽车产业。主要是指凤凰湖以南、花莞高速以东、广河高速以北、平岗河以西区域。着力发展智能制造产业链两端环节，主要包括智能制造零部件研发、智能制造孵化、智能制造系统集成，重点突破高端智能装备制造业及关联的生产性服务业、机器人、新能源汽车等领域。布局建设数字经济园区，发挥知识城产业生态、产权保护、国际合作等有利于发展数字经济的独特优势，大力发展智能制造技术、智慧经济、分享经济、平台经济等新兴产业。

知识城北部两组团主要承接生命科学、生物医药、新材料新能源及集成电路产业。主要是指人才大道以北、永九快速以东、知识城北站以南、九佛快速以西区域。围绕精准医学产业，以知识城通用电气生物科技园、百济神州等龙头项目为带动，集聚国内外著名医药研发机构，重点发展肿瘤防治、基因检测、无创筛查、高性能医疗设备的研发制造等，在智慧医疗产业开发、生物信息数据分析关键技术研发和应用等环节取得重大突破。加强新材料新能源技术研发和节能环保、绿色低碳技术的产业应用，建设国家新能源综合利用示范区，聚焦智能芯片研发，打造广州创“芯”智造园。

第六章 打造高水平对外开放新平台

以推动高水平开放合作为目标，拓展对外开放领域，提高协同发展水平，探索合作共赢模式，把知识城打造成为中新两国与时俱进的全方位合作伙伴关系新典范，成为“一带一路”建设和粤港澳大湾区建设的重要平台载体。

第一节 深化中新全方位合作

深化与新加坡的科技创新和产业合作。推进知识城制度创新与政策创新。发挥新加坡在科技创新、产业发展方面的特色优势，依托腾飞广州科技园、中新国际联合研究院、新加坡国际制造创新中心、中新国际智慧产业园等标志性项目，重点开展新一代信息技术、人工智能、生物医药、新材料新能源等领域的科技合作研究和产业化。鼓励和引导新加坡企业、高校、科研院所建立高水平协同创新平台，加快中新国际科技创新合作示范区建设，加大双方在全球战略性新兴产业及总部经济方面的招商引资力度和资源投入，引导符合知识城发展方向的投资项目优先落户。

扎实推进与新加坡在知识产权领域的合作。落实中国和新加坡政府间知识产权领域合作谅解备忘录中的相关事项，促进两国相应的知识产权机构和组织在知识城开展业务交流与合作，支持新加坡专利代理等服务机构试点设立常驻代表机构，在依法合规前提下，支持新加坡金融机构在知识城开展知识产权金融创新，打造“国际知识产权创新服务中心”，进一步放开双边跨境知识产权服务领域。

积极拓展与新加坡在人才培养领域的合作。以北京大学粤港澳大湾区知识产权发展研究院为基础，引入加州大学伯克利分校、新加坡知识产权学院等教育资源，创新知识产权人才培养模式，打造具有国际视野和较强实战能力的知识产权运营类高端人才输出基地。加强与新加坡知名大学和科研院所的教育合作，探讨按照对等互惠原则商签两国大学生实习交流项目协议，便利更多新加坡大学生到知识城创新创业。鼓励新加坡在知识城建设中学、大学、科研院所，打造知识城教育小镇，进一步扩大和深化人文交流合作。

加强与新加坡在城市治理等领域的交流合作。借鉴新加坡城市建设、社会治理等成功理念和方法，加强生态文明、循环经济、环境研究、发展和治理等领域合作，推动人工智能运用和城市管理升级，共同打造具有可持续发展性的和谐宜居智慧城市。

专栏5　中新国际科技创新合作示范区

中新国际科技创新合作示范区规划面积约2平方公里（200公顷），将依托广州开发区、新加坡的各产业平台，重点筹划布局全球新一代信息技术、高端装备制造、绿色低碳、生物医药、新材料、数字经济等战略性新兴产业的总部经济，同时加快建设实体经济、科技创新、现代金融、人力资源协同发展的产业体系，建立知识产权国际贸易枢纽，探索社会治理新模式，建设产城功能融合的新型社区。

第二节　打造粤港澳大湾区高质量发展重要引擎

建设粤港澳大湾区重要创新极。发挥在广深港澳科技创新走廊中的重要创新平台作用，与深港科技创新合作区、南沙庆盛科技创新产业基地、粤澳（横琴）深度合作区等重大创新载体串珠成链打造大湾区创新带，提升区域协同创新能力。推进粤港澳大湾区协同创新研究院建设，构建国际一流的科学研究、产业发展及人才培养等产学研一体化的创新体系。积极参与粤港澳大湾区国际科技创新中心建设，加大对基础科学理论的研究力度，围绕粤港澳企业创新创业需求，不断输出重要原创知识和基础研发成果。运用量子计算、5G、区块链、物联网等新兴及前沿技术，建设具备更加高效稳定的海量数据存储、备份、运行及处理能力的国家级超大型 IDC 数据中心，探讨创建粤港澳大湾区国家大数据综合试验区。研究建立粤港澳三地数据流动融合长效机制，高水平打造大数据流通与交易综合服务平台。设立粤港澳及海外院士专家创新创业联盟，建设院士学术交流中心，举办院士高峰年会，探讨与“大湾区院士联盟”互动合作，推动开展学术、科技交流和科技产业合作。

构建粤港澳大湾区科技成果孵化和转化平台。创建粤港澳大湾区青年创新创业基地，重点打造面向港澳的示范性孵化器、众创空间和价值创新园区。依托中国科学院生命健康研究院、广州再生医学和健康广东省实验室，打造生命科学与健康领域高水平人才培养基地、高水平前沿研究基地、临床应用基地、成果转化及产业化基地，打造独具特色的国际科技企业加速器集群，为港澳及海外企业提供全生命周期产业发展平台。支持港澳及海外投资机构参与投资知识城私募投资基金和创业投资基金，构建多元化、国际化、跨区域的科技创新投融资体系。

构筑粤港澳大湾区知识产权创新枢纽。充分发挥粤港澳大湾区知识产权联盟作用，强化大湾区内企业、机构相互间的合作，推动资源共享、共同发展。依托广东知识产权交易博览会和亚洲知识产权营商论坛，搭建粤港澳知识产权交流合作平台。探索知识产权专业人才互认机制，全面加强与港澳在知识产权保护、专业人才培养等领域的合作。引入一批港澳知识产权服务机构，培育一批产业特色突出的知识产权运营机构，支持开展粤港澳知识产权金融、保险、交易、贸易活动。建立粤港澳大湾区知识产权信息公共服务平台，作为全国知识产权信息公共服务体系建设的重要节点，形成知识产权信息交换共享机制。

深化与港澳在教育、医疗、生物医药等各领域合作。大力支持港澳高校在知识城设立分校和附属机构，开展与港澳职业教育在招生就业、培养培训、师生交流、技能比赛等方面的合作，完善职业教育资源共享机制。对接港澳“青年内地交流资助计划”等重点项目实施，深化与港澳高校、青年组织等常态化交流合作。依托知识城南方医院、中山大学肿瘤防治中心知识城院区等，积极引入港澳一流医疗卫生服务机构。推动港澳教育、规划、法律等领域的专业人才在知识城便利执业，允许产学研复合型人才多岗位兼职，推动人才互通共享。探索设立国家药品监督管理局粤港澳大湾区药品和医疗器械审评检查中心的服务窗口，为相关企业申请药品医疗器械注册提供便利性服务。

第三节　拓展共建“一带一路”开放合作

深化与“一带一路”沿线国家和地区的交流合作。加强“一带一路”框架下国际贸易、金融支撑等重点领域合作。共同建设境外经贸合作区，打造经贸合作新平台，创新投资贸易新模式。鼓励社会资本成立产业投资基金，按照市场化、商业化原则为竞争性产业领域项目提供资金支持，打造服务于“一带一路”倡议的金融合作平台。定期主办企业交流活动和论坛，协助企业依托各自优势，合作承建一批能源、交通、电力等领域的重大建设项目。会同香港、澳门，携手新加坡，支持企业以市场为导向，在互利共赢的基础上开展国际经济技术合作，开展绿地投资、实施跨国兼并收购，带动装备、服务、技术、标准“走出去”。借助香港、澳门在争议解决、管理咨询、项目策划、知识产权、金融、保险等国际化专业服务方面的优势，加快建立完善企业“走出去”综合服务平台和风险监测预警机制，推进全球经贸工作网络建设。在知识城建设项目中试行香港工程建设管理模式，引入香港建设专业机构及人才提供服务，形成穗港合作建设范例。

搭建共建“一带一路”全面开放合作新平台。深化落实中国—东盟科技伙伴计划，开展与东盟国家的园区共建，探讨建立科技创新合作新机制，广泛推动与东盟国家在教育、卫生、文化、旅游、生态环境保护等领域的合作。积极参与中国—以色列科技合作，推动以色列生物医药、机器人、高端智能装备、人工智能等领域高技术产业合作项目在知识城孵化落地。深入推进与沙特的产能合作。支持欧盟地区国家高端研究机构、企业在知识城设立研发中心或者分支机构，鼓励双方科技研发机构和科技企业加强创新合作，重点围绕新一代信息技术、人工智能、生物医药、新能源和新材料等领域与欧洲企业开展项目合作。

第七章　建设绿色智慧城市

牢固树立绿色发展理念，把人与自然和谐共生贯穿到知识城规划、建设、治理各领域各环节，构建便捷高效交通网络，建设绿色市政基础设施。按照智能、创新要求，规划建设智慧交通、智慧城管、智慧卫生、智慧教育、智慧社区等重点工程，全面推进信息多领域应用。

第一节　构建便捷高效交通网络

建立层次分明、功能明晰的综合交通体系。增强知识城与粤港澳大湾区主要城市交通设施的连通性，纳入粤港澳大湾区互联互通基础设施网络，加快建设穗莞深城际，加强知识城与广州白云国际机场、广州火车东站、广州南站等枢纽的衔接，加速湾区内创新要素流动。依托轨道交通及高快速路网促进知识城全面融入城市交通圈，打造“外联内通”交通路网体系。

打造绿色畅达的公共交通网络。贯彻“公交先行”理念和智慧交通、绿色交通理念，打造以四层次公交线网体系（快、干、支、微）为主体、有轨电车为骨干、出租汽车为补充、自行车为辅助，多种交通方式为一体的公共交通网络体系。打造“1 +1 +3”的多式联运客运枢纽体系（1 个市级客运枢纽、1 个区级客运枢纽、3 个组团级客运枢纽），保障创新人才的快速通达与集聚，构建与就业、休闲娱乐高度结合的公共交通体系，形成以交通线为导向的城市功能立体发展空间。

专栏6　“1 +1 +3”的多式联运客运枢纽体系

1 个市级客运枢纽：知识城综合交通枢纽（国家铁路/市域快轨 + 地铁 + 有轨电车 + 公交）。

1 个区级客运枢纽：镇龙客运枢纽（城际 + 地铁 + 有轨电车 + 公交 + 长途客运站）。

3个组团级客运枢纽：马头庄客运枢纽（城际＋地铁＋有轨电车＋公交）；佛塑村客运枢纽（城际＋公交）；平岗客运枢纽（城际＋公交）。

提升智慧交通服务水平。以物联感应、移动互联、人工智能等技术为支撑，构建实时感知、瞬时响应、智能决策的新型智能交通体系。建设知识城智慧交通换乘中心，为知识城内乘客提供便捷、高效的换乘条件，实现公共汽车、出租车以及私家车等各种交通方式的“无缝接驳”，完善知识城交通服务功能。在大型公共建筑、公共交通站点等人流集中区域打造一体化舒适连贯的城市慢行系统，提供智能便捷的“最前一公里与最后一公里”步行体验。

第二节　创新绿色低碳发展模式

打造和谐发展的生态空间。构建“三山屏障、一廊骨架、蓝绿脉络、绿园点缀”的生态绿地结构。高标准规划建设城市防洪（潮）排涝设施，划定永久蓝线、预控蓝线两级管控，控制水面总量占城乡用地的比例，确保区域防洪（潮）安全、供水安全、水生态安全。坚持保护优先、预防为主、防治结合、源头治理与末端治理相结合的原则，科学划定环境功能分区。结合城市组团布局以及城市重要公共空间和标志性建筑，打造城市空间景观廊道和景观节点体系。利用城市森林、组团隔离带，营造大尺度绿色空间。依托凤凰湖和九龙湖以及重要水系、湿地，塑造滨水活动空间，丰富亲水活动类型，形成多层次、多季节、多色彩的植物群落配置，呈现山水林田湖环绕、城绿交融的中国画卷。

构建环境友好型产城融合格局。根据气候、风向、地理等客观因素，科学合理布局生产、居住、学校、医疗等项目。建立健全新增产业的禁止和限制目录，严格限制引进废水、废气、重金属或持久性污染物排放量大的工业企业。合理配置、高效利用、有效保护水资源，建设节水型社会。加强知识城绿色园区建设，实现知识城与周边地区的水体、公园、绿色廊道等生态要素一体化保护利用和污染联防联治。依托山水田林资源，大力发展都市农业、生态农业、观光农业，实施乡村振兴战略，打造“美丽乡村”。有效控制和减少温室气体排放，推动绿色低碳发展。

建设功能多样的海绵城市。科学编制知识城海绵城市建设顶层规划与系统方案，综合采用“雨水花园、下沉式绿地、生态湿地”等低影响开发设施，实现中小降雨100%自然积存、净化，规划城市建设区雨水年径流总量控制率不低于82%。以九龙湖、凤凰湖及其上下游水系等为重点，全面推进知识城海绵城市建设，打造多层次雨洪调蓄利用系统，严格按照国家规定的城市内涝防治和排水管网建设标准要求，高标准建设城市排水系统，提高知识城防洪排涝能力。

高标准构建环境污染治理体系。关注产业与人口增加对区域环境带来的压力，实时采集知识城大气、水环境、噪声污染等信息，开展环境信息统计分析，实现环境信息的实时发布、查询和预警预报，实现知识城生态环境的可视化。提高“三废”综合利用及治理服务，推进“三废”处理用生物菌种和添加剂开发与生产。加速高效、低能耗污水处理与再生技术研发，推进削减和控制重点污染物排放技术开发与应用。

构建绿色能源体系。大力发展清洁能源，科学布局天然气分布式能源站，推广光伏发电，加快充电桩、充电站、加氢站等新能源汽车基础设施建设，加强绿色能源技术交流合作，加快节能环保产业与新一代信息技术、先进制造技术的深度融合，全面提升能源使用效率。加快建设全国首个花瓣式智能电网，实现供电可靠率达到99.999%。

全面推广绿色建筑。打造有知识城特色的绿色建筑发展体系，积极稳妥推广装配式、可循环利用的建筑方式，推动绿色建筑100%全覆盖，新建政府投资及大型公共建筑全面执行三星级绿色建筑标准。加快知识城绿色生态园区规划建设，推广绿色低碳的生产生活方式和城市建设运营模式，使用先进节能环保材料和技术进行城市建设，营造优质绿色市政环境，筑牢绿色智慧城市基础。

第三节 推进数字知识城建设

构建智能基础设施体系。建设智慧给排水、智慧电力设施，对交通灯、道路标识、照明、雨水收集系统、污水管网、供水管网、供电系统、河涌、井盖、绿化带等公用设施运行数据进行监测，实时、动态地掌握城市运行状态，形成发现、上报、交办、整改、反馈的全闭环管控，实现全面的感知、智能的控制、广泛的交互和深度的融合，构建智慧城市的神经末梢网络。结合城市功能需求，建设干线、支线和缆线管廊等多级网络衔接的智慧综合管廊系统。

建立城市数据资产管理体系。构建透明的全量数据资源目录和数据资源开放共享管理体系。建设安全可信的网络环境，建立安全态势感知、监测、预警、溯源、处置网络系统，打造全时、全域、全程的网络安全态势感知决策体系，加强网络安全等级保护、网络与信息安全通报等相关制度建设。推进数字化便民服务体系建设。开展楼宇智能化工作，建设“互联网+”智慧小区，为居民提供更加安全、便利、舒适的生活环境。

健全城市智能安全网络。利用北斗时空云平台、城市三维基础数据库，打造信息化、体系化、专业化的防灾减灾系统，高标准建设智能化社会治安防控体系，切实提高防范、打击违法犯罪和应对处置突发公共事件等方面的能力。健全综合应急体系，完善应急指挥救援系统，建立安全生产、市场监管、应急保障、环境保护、治安防控、消防安全、道路交通等部门公共数据资源共享机制。

第八章　构建国际化知识社区

围绕吸引国内外顶尖人才，建设国际一流水准的基础设施和工作生活环境，提高城市治理能力和治理体系现代化，将知识城打造成为创新乐土、宜居家园。

第一节　提升公共服务水平

优先发展现代化教育。引进优质基础教育资源，按照可容纳人口规模合理均衡配置教育资源，布局高质量的学前教育、义务教育、高中阶段教育以及高等教育创新办学模式，以新机制、新模式构建高水平、开放式、国际化高等教育聚集高地。规划建设知识城国际学校、职业院校，建设集继续教育、职业培训、老年教育等功能为一体的社区学院。

高标准配置医疗卫生资源。规划建设集临床服务、医疗教育、医学科研和成果转化为一体的医疗综合体，建设国际一流、国内领先的质子治疗专科医院集群。全面打造15分钟基层医疗服务圈，实现基层医疗卫生机构标准化达标率100%。加快知识城全民健康信息平台建设，大力发展智能医疗，建设健康医疗大数据应用中心及应急处置中心。

强化公共服务配套体系。借鉴新加坡发展模式，建设知识城特色商圈，建设功能齐全、服务完善的社区中心、邻里中心和街坊中心三级生活圈，建设国际一流水平的配套设施。提升知识城文化品味，高质量配置城市图书馆、艺术馆、博物馆等设施，增加艺术氛围。积极辐射服务周边地区，打造广州中部地区的区域公共服务中心。完善区域内消防救援站点等公共安全基础设施和应急救援力量体系建设。

完善住房保障体系。坚持房子是用来住的、不是用来炒的定位，完善多层次住房供给政策。坚持市场主导、政府引导，形成供需匹配、结构合理、流转有序、支出与消费能力基本适应的住房供应格局。加快构建以公租房、政策性租赁住房和共有产权住房为主体的住房保障体系。以解决新市民和年轻人的住房困难为出发点，大力培育和发展租赁住房，重点发展小户型、低租金的政策性租赁住房；因地制宜发展共有产权住房，满足高层次人才个性化需求。

第二节　增强社会治理能力

实施“智慧政务”工程。全面推动“数字政府”建设，设立政府大数据管理机构，开展政务服务数据资源共享管理，高水平建设集办公、审批、对外服务、监察、信息公开于一体的智慧政务平台，优化政府职能，提升政府服务水平。进一步深化数字知识城建设，推动企业审批和服务事项实现“一网通办”，搭建科技、招商、筹建、产权保护等管理信息平台，集成政府咨询、投诉、建议等功能，提高信息综合分析处理能力。

创新共建共治共享社会治理模式。建设一批创新功能与居住、生活、商务功能混合、空间融合的高端社区，积极推进社会治理体制改革，加快基层治理创新，全面打通发现问题、响应诉求的工作渠道，切实解决好服务群众的“最后一公里”问题，提升人民群众的获得感。创新社会协商机制。畅通市民与政府之间的沟通协商渠道，健全完善劳资纠纷、征地拆迁、邻避设施建设等领域和共享经济等新业态社会共治领域平等协商机制，保障各方的知情权、参与权和平等对话权。

第三节　健全人才服务体系

打造人才服务驿站。设立一站式人才服务大厅，建立人才数字档案和人才数据追踪系统，形成高层次人才信息库。实现人才业务在线服务，按照人才需求即时收集分析最新动态，实现人才供需的合理高效匹配。配备专业人才管家，提供专业咨询服务、高效代办服务，为各类人才提供全方位精准服务。引进一批国内外一流的人力资源服务机构，鼓励发展人力资源服务外包、薪酬管理、人力资源管理咨询等新兴业态，打造最佳体验、最高效率、最优服务的人才工作地标和人才服务枢纽。

优化人才创新创业生态。加快发展创新创业孵化服务，引进境外先进孵化模式，设立新型创新创业孵化平台。做大做强各类众创空间，建设一批中小企业创新创业基地。加强人才创新创业信息资源整合，建立创业政策集中发布平台，增强创新创业信息透明度。支持举办各类创新创业大赛，为新创业与再创业者建立必要的指导和援助机制，不断增强创业信心和创业能力。

营造鼓励人才成长的文化氛围。开展形式多样的国际化知识交流活动，精心策划、组织、举办人才联谊交流活动，为人才交流搭建平台。拓宽人才沟通渠道，开展论坛沙龙、合作拓展、创业路演、培训提升等柔性和增值服务，建立知识城人才联盟，打造人才文化品牌，形成更具活力、吸引力和创造力的创新文化。成立高端人才俱乐部，促进高端人才交流合作。建立人才成长导师制度，为人才就业择业提供职业指导。

第九章　保障措施

健全各级领导体制和工作机制，加强规划引导，完善政策支持，严格考核评估，推进有序开发，结合实际创造性落实知识城建设各项任务。

加强组织领导，完善升级中新双边合作机制。积极发挥“中新广州知识城联合工作委员会”“中新广州知识城联合实施委员会”和“新加坡—广东合作理事会”作用，构建中新双边高效合作机制。围绕知识城合作开发重点事项定期召开双边高层会议，协调解决双边合作推进过程中的重大问题。

构建部际协调机制，强化对知识城建设的指导。构建由商务部牵头，外交、发展改革、教育、科技、住房和城乡建设、知识产权、移民管理等相关国家部委（局）及广东省政府共同参与的部际协调机制，定期召开联席会议，研究确定并推进落实知识城发展重大政策和重点事项，加强相关部委对知识城建设工作的支持和指导。

围绕发展需求，加大对知识城的政策支持力度。支持知识城复制推广自由贸易试验区改革试点经验，进一步下放有关国家和省级审批权限和管理权限，支持知识城在知识创造、科技创新、引才用才、知识产权、国际合作、金融服务、产业发展等方面出台专项改革举措和政策措施，重点在要素配置市场化、产权保护、科技管理体制改革等方面进行突破性探索。

统筹土地资源，确保科学有序开发。制定投资项目准入标准，引导企业理性投资。严格执行退出机制，杜绝土地资源闲置与浪费。实施城市更新计划，盘活利用低效存量建设用地，促进城乡融合发展。统筹安排规划建设时序，建立空间布局战略“留白”机制，提高规划弹性。

强化规划引领，细化实施方案。编制产业发展、科技创新等专项规划，加强各级各类规划之间的有机衔接，形成全域覆盖、分层管理、分类指导、多规衔接的规划体系。相关部门按照职责分工，制定实施方案，逐年逐项细化分解规划目标和重点任务。

建立评估机制，做好监督考核问责工作。强化对规划实施全过程信息化监管，定期发布监测报告。建立一年一总结、五年一评估，规划实施部门自评估和第三方综合评估相结合的评估制度，结合总结和评估结果，开展规划动态维护。健全监督问责机制，坚决维护规划的严肃性和权威性，确保一张蓝图绘到底。